| Korean-English Edition |

A Hwandan Gogi Lecture in the U.S.
THE STORY OF THE GREAT HAN (韓)

Copyright © 2022 by Dragon and Phoenix Publishing

All rights reserved.
Published in the United States by Dragon and Phoenix Publishing.
No part of this publication may be reproduced, distributed,
or transmitted in any form or by any means,
including photocopying, recording, or other electronic or mechanical methods,
without the prior written permission of the publisher,
except in the case of brief quotations embodied in
critical reviews and certain other noncommercial uses permitted by copyright law.

For permission requests, write to the publisher, addressed "Attention: Permissions Coordinator,"
at the contact information below.

Dragon & Phoenix Publishing
132 Brookside Avenue
Cresskill, NJ 07626

Publisher's Cataloging-in-Publication data

Written by Ahn, Gyeong-jeon

The Story of the Great Han: A Hwandan Gogi Lecture in the U.S.
The People with Inner Radiance, Who Pioneered the Hwandan Civilization

ISBN: 978-1-7378756-4-2
1. Korean History, 2. Korean Culture, 3. Korean Philosophy

First Edition

| Korean-English Edition |

A Hwandan Gogi Lecture in the U.S.

THE STORY OF THE GREAT HAN

The People with Inner Radiance,
Who Pioneered the Hwandan Civilization

AHN GYEONG-JEON

Dragon & Phoenix Publishing

§ 차 례 §

감사의 말씀 _ 8

서론
잃어버린 한민족 원형문화를 찾아야 한다......................................10

제1장
왜곡된 한국사의 현주소와 원형문화를 찾는 길.................................18

제2장
한민족 역사문화의 정수를 담은 환단고기.......................................82

제3장
인류 원형문화를 간직한 동서양의 유적과 문화코드........................108

결론
인류 원형문화를 회복하자 202

§ Contents §

Acknowledgements _ 9

Prologue
    Koreans Have Lost Their Connection to Their Origin   11

Chapter 1
    Distorted Korean History   19

Chapter 2
    Hwandan Gogi: A Masterpiece of Korean Historiography   83

Chapter 3
    Universal Elements of Ancient Cultures ;
    The Three Ancient Dynasties of Korea   109

Epilogue
    Restoring a Lost Legacy   203

STB 상생방송에서 절찬리에 방영 중인 〈환단고기 북 콘서트〉 '미주 편'을 책자로 엮었습니다. 방송 내용을 책으로 엮으면서 일부 내용을 첨삭하였습니다.

This book was written based on two speeches by Ahn Gyeong-jeon given in Los Angeles and New York, USA, in October 2013.

감사의 말씀

오늘 『환단고기』 출간 100주년을 맞이하면서 사단법인 대한사랑과 한국 청소년 연맹에서 우리 한민족의 잃어버린 역사와 문화를 되찾는 소중한 자리를 마련해주신 데 대해서 말할 수 없는 기쁨을 느끼면서 감사함을 전하고자 합니다.

또 우리 한韓문화 한韓사상을 평생 공부하시고 기념비적인 작품을 내주신 김상일 교수님, 박준환 이사장님, 동북아 역사의 진실을 처음으로 지구촌 지성계에 새롭게 선언한 이홍범 박사님, 또 함께 와주신 새뮤얼 스톰 회장님께 감사의 말씀을 전하고자 합니다.

그리고 오늘 이 자리에 참여해주신 모든 분들에게 감사의 말씀을 전합니다.

Acknowledgements

In 2013, in celebration of the one hundred and second anniversary of the publication of *Hwandan Gogi* ("*The Ancient Records of Hwan and Dan*"), Daehan Sarang Inc and the Korean Youth Federation organized a momentous event for the purpose of restoring lost Korean history and culture. Filled with indescribable joy, I express my sincere gratitude to them.

I would also like to express my gratitude to Professor Kim Sang-il, who has brought forth monumental works by researching Han [Korean] culture and Han thought throughout his life; Chairman Park Joon-hwan; Dr. Hong Beom Rhee, who has shown the truth of Northeast Asian history for the first time to intellectual circles across the globe; and President Samuel Storm, for having graced the 2013 event with his precious presence.

I wish to express my sincere thankfulness to everyone who attended this meeting.

서론

잃어버린
한민족 원형문화를
찾아야 한다

　결론부터 말해서, 결론은 역사 전쟁입니다! 문화 주도권 전쟁입니다! 동東의 주인은 누구인가, 동방문화東方文化의 주인은 누구인가를 판가름 짓는 문화주도권 전쟁입니다!

　세계사의 중심축은 이미 19세기 후반에 이동하기 시작했습니다. 동북아로 새 역사의 중심축이 옮겨가기 시작했습니다. 바로 이곳 LA와 샌프란시스코는 동방의 정신문화가 태평양을 건너 미국에 전수되는 관문 역할을 해왔습니다.

　동방의 현자들이 전해준 고귀한 한 소식의 최종 결론은 무엇인가? 그것은 '참 나, The True Self. 진아眞我를 찾아라!'입니다. 이것은 우리 인생의 궁극의 삶의 가치이자 목적이 아닐 수 없습니다.

　저는 오늘 교민 여러분들과 또 미주 각지에서 소중한 시간을 내주신 모든 분들께 이제까지 이곳 미국이나 서구사회에서 일찍이 들어보지 못한 동방 문화 역사의 정수에 대해서 한 소식을 전해드리고자 합니다.

Prologue

Koreans Have Lost Their Connection to Their Origin

To state the conclusion first, it is the history war that matters. The war for cultural hegemony. The war that will decide who is the true master of Eastern culture.

The central axis of world history had already begun to shift by the latter part of the nineteenth century. The central axis of the new history had begun to move towards Northeast Asia.

The key message of Asian spiritual culture, as delivered to the West by Eastern sages, is "find the true self." I think this is indeed the ultimate value and purpose of human life.

With this book, I intend to deliver a message which must be completely new to the Western world and the United States about the hidden truth of Eastern culture and history, to my fellow Koreans residing in America and to all those who may read it.

그런데 인류사의 여러 문제 가운데 가장 중요한 한 가지 문제는 <u>동북아 역사의 진실</u>, 곧 한민족과 인류사의 출발점을 우리 한민족은 물론 지구촌 인류가 모두 잘못 알고 있다는 것입니다. 역사의 중심축은 동북아로 이미 두 세기 전부터 옮겨가기 시작했는데, 그 중심에 살고 있는 우리 한민족은 물론 인류 전체가 동북아의 역사 진실을 지금 이 순간까지 잘못 알고 있습니다.

본래 〈『환단고기』 북 콘서트〉를 구성할 때, 저 자신도 모르게 "일관된 역사의 근본 주제를 무엇으로 잡아야 하겠는가?" 하는 생각을 마음속으로 해보았습니다. 궁극의 깨달음은 '천지 광명의 역사를 여는 것'이니 '천지 광명의 역사를 열다'로 잡아봤습니다. 그런데 앞에 뭐가 빠진 것 같아서 산책을 하면서 쭉 생각을 해보니, 마치 하늘에서 이렇게 말하는 것처럼 느껴졌습니다.

"대한, 천지광명의 역사를 열다!"

가정에서나 또는 공동체 사회에서, 동에서 서에서 누구를 만나든 역사의 과거와 현재와 미래를 통관해서 '이 주제만이 진정한 인류 보편사의 삶의 주제, 역사의 주제가 되겠구나' 하는 생각을 해보았습니다.

그래서 오늘 '**천지 광명의 역사**'를 주제로 이야기할까 합니다.

동북아 한민족의 창세 역사와 시원문화는 물론 세계사의 출발점이 어디인가? 이것을 동시에 밝혀주는 지구촌 역사의 유일한 역사문화 원전인 『환단고기』, 그 정수를 간결하게 살펴봄으로써 동북아시아의 역사의 어두움과 근원적 갈등을 거두고, 우리 삶에서 진정한 새 역사의 문을 여는 가장 아름다운, 결정적인 시간이 되기를 소망합니다.

In order for me to do this, there is one issue that needs to be addressed first. It is the grim fact that the historical truth of Northeast Asia is misunderstood. Koreans and people around the globe have an incorrect understanding of the history of Northeast Asia and of the beginning of world history.

While gathering my thoughts on the book *Hwandan Gogi*, I recently contemplated what should consistently be the fundamental topic of history. This brought me to the realization that the title should be: "The People with Inner Radiance, Who Pioneered the Hwandan Civilization." (*Hwandan* means "the radiance of heaven and earth.") But it seemed that this title was missing something at the front. While on a stroll, I felt as though a heavenly being were telling me, "The Great Han: The People with Inner Radiance, Who Pioneered the Hwandan Civilization."

It occurred to me that whomever we speak to at home or in our community, whether in the East or West, this may be the only universal and timeless subject to discuss regarding human values and civilizations. So I shall discuss in the pages that follow the topic "The Great Han: The People with Inner Radiance, Who Pioneered the Hwandan Civilization."

When did world history begin? At which point in time did the history of the Korean people start? *Hwandan Gogi* has these answers. I believe it is the one and only book of humanity's first civilization that shines light on these questions. I hope that, as we briefly review the essence of this book, we can put an end to the historical darkness and deep-rooted tangles of Northeast Asia, opening the gateway leading to a new era.

제가 평생동안 독방에서 우리 역사문화의 뿌리를 찾는 은둔자의 삶을 살다가 벗어난 지 이제 한 100일이 채 되지 않았습니다. 2012년에 『환단고기』 완간본이 출간되고 또 각지에서 "우리 어린이들과 청소년들 그리고 일반인들이 쉽게 읽을 수 있는 책을 좀 빨리 내달라."고 요청하여 그 작업을 계속했고, 서울 코엑스 세계 도서전시회 때 마침내 그 책들을 출품하고 이제 조금 여유를 찾게 되었습니다.

　그런데 미국에 와서 보니 더 심각한 권유를 하는 것입니다. 우리 아이들, 지금 1.5세대, 2세대 한국의 청소년, 또 일반인들도 우리의 문화와 역사를 모른다는 것입니다. 그것이 너무 심각하기에 시간이 흐르면 흐를수록 더 심해진다는 것입니다. 몇 년 전에 KBS 특집 방송에서도 나왔었는데, 미국의 한인 청소년이나 젊은이들이 돈을 벌고 소위 미국 사회에서 출세를 했어도 실제 자기들끼리 술을 마시면서 이야기를 해보면 '우리는 한국인이 아니다. 동시에 미국인도 아니다. 우리는 어중간한 사람이다'라고 한답니다. 한마디로 '근본을 잃어버렸다. 뿌리를 잃어버렸다.'라는 말입니다.

In pursuit of the historical and cultural roots of Korea, I have lived a life of solitude for decades, and as of this writing, it has been less than one hundred days since I left the hermitage. Ever since the full version of *Hwandan Gogi* came to light in 2012, I have received requests from all across the nation for the book's new easy-to-understand editions for children, teens, and the general public, which will be published soon. Having worked on that project and completed it, I finally had its editions exhibited at a world book fair held at the COEX Exhibition Center in Seoul.

When I first came to America, people approached me with grave news. They said that their children, Korean-American teenagers, and even adults generally did not know much about Korean history and culture. This problem is very serious; the more time passes, the worse it gets. Some years ago, a special TV program was aired on KBS. It was a story about some second-generation Korean Americans who made money and gained fame—who attained so-called "success" in American society. In private discussions, however, they would say in dismay, "We are neither Koreans nor Americans. We are awkward

Seoul International Book Fair held in June 2013 at COEX in Seoul, where *Hwandan Gogi*, in several editions, was exhibited.

이것을 바로 세울 수 있는 것은 권력도 아니요, 명예도 아니요, 지식도 아닙니다. 그것은 오직 하나, 바로 우리들의 문화와 역사의 근원을 찾는 것입니다. 우리를 진정으로 하나 되게 할 수 있는 것은 오직 하나밖에 없습니다. 우리 역사의 진실을 아는 것!, 우리 역사의 뿌리를 아는 것입니다.

in-betweens." In short, they had lost their connection to their origin. They had lost their roots.

This identity crisis cannot easily be overcome no matter how much power, renown, or knowledge one possesses. The one and only remedy for this problem is to find our cultural and historical origin. There is but one way for people to be united into one. This way is to know their history correctly—to know their historical roots.

제1장

왜곡된 한국사의 현주소와 원형문화를 찾는 길

　오늘 저는 이곳 새 희망의 도시 뉴욕에서 이 문제를 세 가지로 정리해 보고자 합니다. 첫째는 무엇보다도 우리 한국사의 현주소가 무엇인가? 동양과 서양에서 한국 역사를 볼 때, 지구촌 사람들의 눈으로 한국사를 볼 때, 다시 말해서 <u>한국을 벗어나서 세계 70억 인구가 우리 한국의 역사를 어떻게 보고 있는가</u>, 이것입니다.

　한중일, 또 세계사에서 가르치고 있는 한국의 역사는 총 몇 년인가요? 일본사는 몇 년인가요? 중국사는 몇 년인가요? 알고 싶지 않나요?

　우리 한국사의 현주소, 그 결론이 무엇입니까? 한국의 사학자들은 우리 역사가 2,200년이며, 위만조선이 단군조선을 계승했다고 합니다. 그리고 단군조선은 신화라는 것입니다. 대한민국 사람들이 초·중·고등학교를 다니면서 배운 역사의 결론은 '고조선은 신화다!' 이것입니다.

　그럼 일본은 몇 년입니까? 일본이라는 나라 이름은 친정집 백제가 망하고 나서 '해가 뜨는 뿌리다. 일출지본야日出之本也라' 해서 '일본日本'으로 정했습니다. 그러면서 일본의 1,300년 역사를 두 배로 잡아 늘려서 <u>2,600년</u>이라고 주장합니다.

Chapter 1

Distorted Korean History

I can sum up my message in three parts. The first and most important is the question, "How distorted is Korean history?" Outside of Korea, from the larger perspective of the East and West, and from the global perspective of humanity as a whole, how do the seven billion people of the world currently see Korean history?

How many years long is the history of Korea, as taught in Korea, Japan, China, and the rest of the world? Here is the answer. Mainstream scholars of Korean history say that the history of Korea has lasted 2,200 years, stretching to modern times from Wiman Joseon, which they say succeeded ancient Joseon. They contradict themselves, however, by also claiming that ancient Joseon is a myth. The people of Korea, despite all the education they receive in elementary, junior high, and high school, say, "Ancient Joseon is a myth."

How many years are the Japanese taught that their history spans? After the Baekje Dynasty, the motherland of Japan, had fallen, the Japanese adopted as their country name Japan (Nihon), using the *kanji* 日本, which signifies "where the sun rises." The Japanese doubled their 1,300-year history and claim that theirs is a 2,600-year history.

그럼 중국사는 어떻습니까? 중국사에서는 중화 한족의 역사 시조를 4,700년 전의 황제 헌원黃帝軒轅이라고 합니다.

공산당 정권이 수립되고 나서 하상주夏商周, 하나라-상나라-주나라 3대 고대 왕조사를 점검합니다. 소위 **하상주단대공정**夏商周斷代工程이라고 하는데, 지금으로부터 한 세대 전에 하나라 왕조의 유적지를 파보니 그때 대홍수의 흔적이 나왔습니다. 하나라가 실존했다는 것이죠. 그리고 그전에 요임금 순임금, 거슬러 올라가서 4,700년 전의 황제 헌원부터 역사가 시작되었다고 그들은 주장합니다.

더 나아가서 강택민江澤民 중국 공산당 지도부 이후 역사 교육이 한층 더 강화되면서 중국의 역사는 그것뿐만이 아니고 한의원에 가면 볼 수 있는 5,200년 전 의학의 아버지 신농씨神農氏도 중화문명의 역사라고 주장합니다.

황제 헌원(BCE 2692~BCE 2593) 중화 한족의 역사 시조
Huangdi (Yellow Emperor Xuanyuan) (BCE 2692 - BCE 2593). The progenitor of the Han Chinese, who lived approximately 4,700 years ago.

---

1) 하상주단대공정夏商周斷代工程 : 1996년부터 2000년까지 중국의 제9차 경제·사회 5개년 계획의 하나로 정부 차원에서 진행된 연대학年代學 연구 사업. 역사학, 고고학, 천문학 등의 연구 방법을 종합하여 연대年代가 분명하지 않았던 기원전 841년 이전의 하夏, 상商, 주周 시대의 연표年表를 확정하였다.

How long do the Chinese teach that their history spans? The Chinese claim that the progenitor of the Han Chinese was the Yellow Emperor, Xuanyuan, who lived 4,700 years ago.

The Chinese Communist government probed the three dynasties of antiquity—Xia, Shang, and Zhou—in what they called "The Xia-Shang-Zhou Chronology Project." During this research, evidence suggesting the great flood was found at the historical sites of the Xia Dynasty a generation ago. This archaeological evidence verifies the existence of the Xia Dynasty. Based on a series of such findings, China claims that their national history, tracing back in time to the era of Emperor Yao and Emperor Shun, began with Huangdi (Yellow Emperor Xuanyuan), the progenitor of the Chinese people, 4,700 years ago.

Since Jiang Zemin and his government came to power in China, historical education has become even more emphasized in China. Now, the Chinese claim that Sinnong is a part of their own history, a figure from 5,200 years ago who is regarded as the father of Eastern medicine and whose image one may find in oriental medicine clinics.

염제 신농씨 (BCE 3218~BCE 3078)

중국은 5천2백 년 전, 의학의 아버지 신농씨를 중화문명의 역사로 편입시켰다.

Sinnong (Yandi Shennong) (BCE 3218 - BCE 3078). The Chinese claim Sinnong, who is recognized as the father of Eastern medicine, as their own.

Distorted Korean History

또 이것도 부족한지 우리 대한민국의 태극기의 기원인, 5,500년 전에 주역 팔괘를 그린 태호복희씨太皡伏羲氏도 중화문명의 조상이라고 주장합니다. 이제 5,500년까지 올라간 것입니다.

그러면서 지난 한 세기 전, 정확하게는 1920년대부터 프랑스 사람에 의해서 발굴되기 시작한, 이것은 중국의 만리장성을 경계로 하는 중국 **한족문화권의 동북아 국경 바깥**인데요, 바로 그곳에서 소위 제 5의 문명이라고 하는 **홍산문화**紅山文化, 또는 **요하문명**遼河文明이 **발견되었**습니다. 이것을 북방 문명이라고 합니다. 한국의 이형구 교수 같은 분은 발해연안에서 나왔기 때문에 발해연안문명, 또는 발해문명이라고 이름 붙였습니다.

태호 복희씨 (BCE 3528~BCE 3413)
팔괘를 처음 그린 5천 5백 년 전 동방 사람 태호복희씨도 중화문명의 조상으로 편입

Taeho Bokhui (Taihao Fuxi) (BCE 3528 - BCE 3413). Taeho Bokhui, a man from the east, who drew the Eight Trigrams as early as 5,500 years ago, is also falsely claimed to be one of the forefathers of the Chinese civilization.

Not content with these distortions, they also claim that one of the forefathers of the Chinese civilization is Taeho Bokhui, a figure who drew the Eight Trigrams as early as 5,500 years ago and whom even some Chinese scholars and intellectuals believe to be a man from the east, not a Han (漢) Chinese. These assertions suggest that their history dates back 5,500 years.

A century ago, in the 1920s, a series of very important archaeological discoveries were made in the Hongshan area, in Northeast Asia, by a French archeologist. Since then, historic remains have continued to be excavated in China's northeast, beyond the borderline of the Great Wall, outside the Han-Chinese cultural domain. In that border region, the so-called fifth civilization, the Hongshan culture, otherwise known as the Liao River Civilization, the northern civilization, revealed itself. Scholars such as Professor Lee Hyeong-gu of South Korea termed it "the Ancient Culture of the Bohai Coast."

The Hongshan Culture, a Neolithic Culture Discovered in Northeast Asia

묘廟 Temple (사원)

우하량 제1지점의 여신전 터 (1984년 발굴)
The Goddess Temple at Locality 1 of Niuheliang (unearthed in 1984) in Liaoning Province, Northeast China. Niuheliang site belongs to the Hongshan culture (4700-2900 BCE).

홍산紅山문화는 20세기 고고학계의 가장 충격적인 발굴 대사건

The Hongshan culture was one of the most surprising archeological discoveries of the twentieth century.

여기에서 5,500년에서 약 6천 년이 넘어서는 동북아 시원 문명의 유적지가 나왔습니다. 축구장 크기만 한 거대한 고대 유적지 원형이 있는 그대로, 누가 손 하나 대지 않은 역사 유적이 송두리째 드러났습니다. 소위 **총묘단**塚廟壇[2], 무덤과 여신을 섬긴 사원과 제단이 나온 것입니다.

약 90년에 걸쳐서 진정한 지구촌 문명의 원형이 나왔습니다. 20세기 역사학계, 세계 고고학계에서 가장 충격적인 발굴 대사건입니다.

이곳은 철광석이 많아서 산이 저렇게 붉습니다. 그래서 홍산紅山입니다. 그런데 중국 정부가 발칵 뒤집어졌습니다. 왜냐하면 중국 문화의 상징이 용인데, 홍산유적지에서 **용문화의 원형**이 나왔기 때문입니다. 무려 **7천년 이전**의 용문화의 원형이 나온 것입니다. 또 동시에 **봉황문화**가 나왔습니다. 용봉이 같이 나온 것입니다.

---

2) 총묘단塚廟壇 : 적석총[塚]과 신전[廟]과 제단[壇]

사해문화 유적의 돌로 쌓은 석소룡(7,600년 전) → 중국문화의 상징, 용문화의 원형이 나옴
In Zhahai (查海) was found the first dragon image in human history, created by the placement of stones. (Dates back 7,600 years.)

28 왜곡된 한국사의 현주소와 원형문화를 찾는 길

In this very region the ruins of an early civilization of Northeast Asia, dating back between 5,500 to over 6,000 years, were unearthed. The gigantic site of the ruins of an ancient civilization, as large as a soccer field, was found intact and in excellent condition. This means that in Northeast Asia the archetype of human civilization came to light: a goddess temple, an altar, and cairns.

This was one of the most surprising discoveries in the world's historical and archeological circles during the twentieth century. Hongshan means "Red Mountain," so named because the mountains in this area appear red due to their high concentration of iron ore.

The Chinese government was very shocked, because artifacts discovered from Hongshan sites include some of the earliest known examples—dating back over 7,000 years—of dragon symbols, a totem of the Chinese nation. In addition to this, artifacts in the shape of a phoenix were also discovered. Dragon and phoenix came to light together.

조보구문화 유적의 봉 형상 토기
(7,000년~6,400년 전)

A bird-shaped pottery item found at the Zhaobaogou Culture site.
(Dates back 6,400 - 7,000 years.)

바로 여기에서 중국 정부는 최후의 야심작으로 우리 한민족 역사의 뿌리를 완전히 끊어버리고 중화문명권으로 소유권을 장악하려는 거대한 국가 프로젝트, 소위 **동북공정東北工程**을 시행하게 됩니다.

그로부터 한 세대가 흘렀습니다. 그런데도 우리 대한민국 정부와 강단사학계는 지금 중국의 주장에 발을 맞추고 있습니다. 결론은 '우리 한국의 역사는 기껏해야 2,200년이다. 청동기 역사기원을 국가 성립사로 잡으니 최대한 올려 잡아야 2,700년을 넘지 않는다.'라고 말하고 있습니다. 한 마디로 우리 대한민국 역사는 3천 년이 안 된다는 것입니다.

하남성 회양현淮陽縣을 가보면, 정말로 거대한 궁전을 지어놓고 중국의 정치 지도자들이 태호복희씨를 '인문지조人文之祖', 인류문명의 조상이라 하여 모시고 있습니다. 제가 그 태호복희 사당을 갔을 때, 정문 앞 넓은 광장에서 입구에까지 궁전에 들어가기 위해 중국 전역에서 온 사람들이 물결치고 있었습니다. 사당 안에는 거대한 태호복희씨의 금상이 아주 위풍당당하게 잘 세워져 있는데, 그분의 가슴에는 팔괘를 새겨서 모셔놨습니다.

중국의 전문 역사학자들이 이구동성으로 뭐라고 합니까? 그들은 **중국 한족의 역사 시조 황제헌원과 의학의 아버지 염제신농씨와 철학의 아버지, 인류 문명의 아버지라고 하는 태호복희씨를 동이족東夷族**이라고 말하고 있습니다.

반면에 우리 **한국의 역사 인식의 수준**은 어떻습니까? 그 현주소는 무엇입니까?

이에 앞서 먼저 일본으로 잠깐 가보겠습니다.

Faced with this challenge, the Chinese government as a last resort launched a national project to eradicate the ancient history of Korea and to appropriate its ownership into the sphere of Chinese civilization. This is the so-called Northeast Project.

A generation has passed since the Chinese government initiated authoritative academic research to rewrite history. But the government of South Korea and its circle of mainstream historians still abide by the Sinocentric view of history. According to them, Korean history spans 2,200 years at the most. They say that the Bronze Age was the critical threshold of statehood, and that based on archaeological evidence, the Bronze Age in Korea only started three thousand years ago.

If you visit Huaiyang County in the Henan Province of China, you will be astonished to find the massive mausoleum of Bokhui (Fuxi). The Chinese government propagates the idea that the Chinese people are the offspring of Bokhui, who is the "Primogenitor" and the "Originator of Civilization." When I visited there, a great number of people from across China had assembled in front of the main gate to enter the shrine. Inside the main hall, a gigantic golden statue of Bokhui stood in grandeur, holding an Eight Trigrams diagram in its hands.

However, many Chinese historians confess that Huangdi (Yellow Emperor Xuanyuan, the progenitor of the Han Chinese), Yandi (Flame Emperor Sinnong or Shennong, the father of Eastern medicine), and Bokhui (Taihao Fuxi, the father of human civilization and philosophy) were of the Dongyi people, the ones from Eastern Asia.

In contrast, what is the current state of historical awareness in South Korea? But first, let's consider Japan for a time.

태호복희씨 금상
The golden statue of Bokhui, holding an Eight Trigrams diagram.

하남성 회양현 태호 복희씨 사당
The Mausoleum of Bokhui (Fuxi) in Huaiyang County, the Henan Province of China

일본의 국보 1호가 무엇입니까? 일본 교토京都에 가면 광륭사廣隆寺, 일본 말로 호류사라고 하는 절에 일본의 국보 1호인 미륵보살반가사유상이 있습니다. 신라에서 들여온 이 불상을 교토 호류사에 안치하여 지금까지 일본의 국보로 모시고 있습니다.

독일의 철학사 야스퍼스(Jaspers)는 이렇게 말했습니다. "진실로 인간 실존의 최고 경지를 조금의 미혹도 없이 완벽하게 표현했다." '지난 30년 동안 동서고금의 뛰어나다고 하는 모든 조각물과 예술품을 보아 왔다, 하나같이 다 껄이 안 벗어졌는데 오직 미륵반가사유상만이 모든 것을 초탈했다.'라고 한 것입니다.

일본에 가서 평생 미술사를 공부한 존 카터 코벨 박사가 아들 앨런 코벨과 함께 한국에 와서 다시 한국미술사를 공부했습니다. 왜냐하면, 일본 문화, 일본 미술의 근원이 한국이라는 것을, 그 문화의 고향이 한국이라는 것을 깨달았기 때문입니다. 그렇게 연구한 것을 영문잡지와 신문에 기고했는데 한국의 강단사학계와 일부 문화인들이 그것을 거짓말이라고, 과장된 해석이라고 압력을 넣어서 신문 기고를 한때 멈추기도 했습니다.

일본 국보 제1호 미륵보살반가사유상.
신라에서 들여와 교토 광륭사廣隆寺에 안치됨.

The Miroku (Maitreya) statue at Koryu-ji Temple, Kyoto, Japan. It was actually crafted in Silla, an ancient Korean kingdom.

If you pay a visit to the Koryuji Buddhist Temple in Kyoto, Japan, you will find a wooden statue of the Maitreya Buddha sitting contemplatively in the half-lotus position. This statue became the first sculpture designated as a national treasure by the Japanese government. German philosopher Karl Jaspers praised this meditative Maitreya statue as "a full representation of the highest expression of human nature."

Dr. Jon Carter Covell, the first Westerner to obtain a doctorate in Oriental art history, who devoted herself to this field all her life, went to Japan to continue her studies. Yet she ultimately came to South Korea with her son, Alan Covell, to study the history of Korean fine art. Why? Because she realized that the root of Japanese culture and Japanese fine art is none other than Korea.

존 코벨(1910~1996)과 그녀의 아들 앨런 코벨
Jon Carter Covell (1910-1996) and her son, Alan.

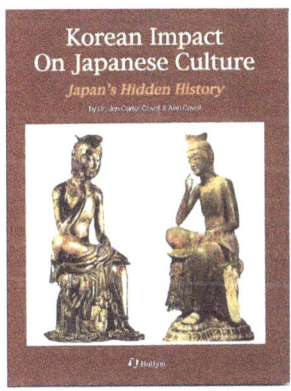

『Korean Impact on Japanese Culture』(한국이 일본 문화에 끼친 영향), 1984년 출판

Distorted Korean History 35

그러면 우리나라의 국보 1호는 무엇입니까? 상식적으로 다 알고 있지요. 대한민국의 국보 1호는 **숭례문崇禮門**입니다. 쉬운 말로 **남대문**입니다. 그런데 왜 남대문이 국보 1호이고, 누가 남대문을 그렇게 정했는지 알고 계시나요?

바로 1930년대에 <u>일본 식민지 총독부 소속의 명승지 고적답사대가 지정한 것입니다</u>. 그럼 왜 남대문을 국보 1호로 정했느냐? <u>임진왜란 때 왜군의 선봉장 가토 기요마사加藤淸正가 한양에 입성할 때 이 문을 통해서 들어왔다고 합니다</u>. 왜군에게는 전쟁에서 승리한 개선문인 것입니다. 그래서 조선을 침탈하고 지배하는 데 역사적 의미가 있다, 그런 이유로 남대문을 국보 1호로 정한 것입니다. 그것을 한국 정부는 지금까지도 그대로 계승하고 있습니다.

2008년도 2월에 방화로 인해 남대문이 전소된 사건이 있었습니다. 아마 하늘이 이것을 미워해서 불타게 만들었을 것인데, 근 300억을 들여서 최근에 복원했습니다. 이를 볼 때, 대한민국에는 역사의 정의에 대해 제대로 된 가슴을 가진 정치인이 과연 있는지 생각해보지 않을 수 없습니다.

임진년(1592) 조선침략 때 가토 기요마사(加藤淸正)가 남대문을 통해 한양에 입성, 일제는 남대문을 개선문으로 여겨 '조선 보물 1호'로 지정(1934년). 이것을 그대로 답습, 대한민국 정부는 남대문을 '국보 제1호'로 지정(1962년)

Namdaemun Gate in Seoul.
In 1592, the Japanese general Gato Giyomasa invaded Korea, eventually entering Namdaemun Gate. To commemorate this triumph, Imperial Japan's Government-General of Korea designated this gate as Korea's Cultural Heritage No. 1. Blindly accepting this, the South Korean government designated the gate as National Treasure No. 1.

What, then, is South Korea's National Treasure No. 1? Everybody knows this as a matter of general knowledge. It is Sungnyemun, the Great South Gate in Seoul, more commonly known as Namdaemun. But does anyone know who decided that this gate would be National Treasure No. 1? This was decided by a team surveying historic sites and scenic spots under Imperial Japan's Government-General of Korea in the 1930s. It is the very gate through which, in 1592, the Japanese general Gato Giyomasa entered Hanyang (present-day Seoul) in the wake of the Japanese invasion of Korea. The Japanese colonial government decided that this gate was historically significant for their colonial rule, and designated it Korea's National Treasure No. 1.

And Korea has blindly accepted it to this very day. We cannot help but ask, "Is there any politician in South Korea who has a righteous heart concerning historical justice?"

1876년 불평등 조약인 강화도조약을 일방적으로 맺은 이후, 일본 제국은 한반도를 강제 침탈하면서 우리 조선민족 **800만 명을 무참하게 학살**했습니다. 그리고 최종적으로는 **한민족의 역사의 뿌리를 말살**했습니다.

일제의 초대통감 이토 히로부미, 이등박문伊藤博文이 1905년에 을사늑약을 맺을 때 통감으로 와서 결론을 내린 것이, '**조선 민족을 영원히 지배하기 위해서는 역사의 뿌리를 말살해야 된다!**' 바로 이것이었습니다. 그렇게 해서 1925년에 과업을 수행하기 위해 일왕의 특명으로 〈**조선사편수회**〉를 독립기관으로 개편하고 본격적으로 우리 역사를 조작하기 시작했습니다.

그래서 거금을 들여서 『조선사』 37권을 썼는데, 우리 고대사는 다 제거하고, 우리 한국인의 역사 근원, 뿌리를 다 뽑아버리고 근대사 중심으로 서술했습니다. 우리가 우리 손으로 우리 역사를 쓰지를 못한 것입니다. **우리의 강토와 역사와 문화의 혼을 파괴한 일본 제국에 의해서 우리 역사가 쓰여졌다**는 것입니다.

그런데 그 역사를 교과서 마냥 그대로 반복하고 답습하고 있습니다. 해방 이후 70년이나 지난 21세기 초엽인 지금 이 순간까지 초중고등학교, 대학교에서, 대한민국의 육해공군 군인들, 국가공무원들이 마치 착실한 어린이마냥 그대로 받아쓰기를 하고 있습니다. 그 왜곡 조작된 교과서에 나오는 대로 단군은 신화이고, 그 단군조선을 위만조선이 계승했고, 중국 한나라를 세운 고조 유방劉邦의 후손인 한무제가 쳐들어와서 네 개의 식민지군을 건설했고, 그것이 바로 한반도 북한의 평양 부근에 있었다고 하는 소위 낙랑, 임둔, 진번, 현도라는 한사군이었고, 그런 식민지 역사에서 한민족의 역사가 시작됐다는 것을 그대로 답습하고 있습니다.

After Korea signed the unequal Treaty of Gangwha Island under duress in 1876, Imperial Japan advanced onto the Korean Peninsula, brutally slaughtering Korean civilians. Moreover, the imperialists eventually completely destroyed ancient Korean history.

In 1905, when the Eulsa Treaty was signed, Ito Hirobumi came to Korea as Imperial Japan's first Resident-General. His priority was to destroy ancient Korean history, for he considered this a crucial method of perpetuating Japan's dominance over Korea. As a result, the Korean History Compilation Committee was established in 1925 in accordance with an imperial edict from the Japanese emperor. This organization began to rewrite the history of Korea in a distorted way.

This committee invested a large sum of money to publish a thirty-five-volume set of books titled *Korean History*. Eliminating the ancient history of Korea and eradicating Korean historical origins, the colonial institution composed a Korean history centered on its modern history. This means that Korean history was not written by Koreans themselves, but by their occupiers, the Japanese.

Like obedient children, Koreans have blindly accepted the Japanese version of Korean history as if it were an absolute truth, even after independence—from the time of Japanese colonial rule all the way to the present. This distorted version of Korean history has unfortunately been taught throughout Korea. The distortion of history can typically be summarized thusly: Dangun is a myth; Wiman Joseon succeeded the "mythical" Joseon; and the Emperor

초대통감 이등박문伊藤博文 (1841~1909)
한민족 문화·역사 말살의 배후 인물

Ito Hirobumi, the first Japanese Resident-General of Korea, a mastermind of the destruction of Korean history and culture.

결론은, 우리 한민족은 본래 주인 역사가 없고, 중국의 식민지인 위만조선이나 한사군 역사에서 시작됐다는 것입니다. 그전에, 초등학교, 중고등학교 역사 교과서에서 '고조선은 신화다'라고 하다가 어느 날 갑자기 "서기전 2333년에 단군왕검이 아사달에 조선을 세웠다. 옛조선을 건국했다"라고 합니다. 처음에는 "단군이 고조선을 건국하였다고 한다"라고 했습니다. 그런데 지금도 조사를 해보면 두 개의 고등학교 교과서가 아직도 그런 표현을 쓰고 있습니다.

어찌 되었든 공식 입장은 그것이 '신화'라는 것입니다. 그래서 대한민국의 소위 배웠다고 하는 사람들이 자기도 모르게 본능적으로 무엇이라고 말합니까? 그들은 대한민국 국민의 역사 현주소에 대해 "고조선은 신화다. 우리 역사는 기껏 2천 년이다."라고 합니다. 우리가 역사를 전해 준 일본조차도 3천 년이라고 하는데 말입니다.

일제강점기에 우리 동포 800만 명이 무참하게 학살당했습니다. 박은식 선생이 쓴 눈물의 역사서 『한국독립운동의 혈사韓國獨立運動之血史』를 보면, 어떤 형제가 아버지 제사를 모시기 위해서 들판을 달려가다가 일본 군인에게 들켜서 그 자리에서 도륙을 당하기도 하고, 일본 군인들은 장도로 임신한 여인의 배를 가르고 태아까지 생명을 끊는 만행을 저질렀습니다. 그렇게 800만 명이 죽었으며, 그 최종 과정에서 역사가 말살됐는데, 그런 식민역사의 덫에 걸린 한민족은 강단사학자들이 조작한 그 역사 악보를 따라서 잘못된 역사를 열심히 이 순간까지 합창하고 제창하고 있습니다!

오늘 이 자리에는 이런 역사의 불의를 바로 세우고자 하는 주인공이 함께하고 있다고 굳게 믿는 바입니다.

한국사의 현주소를 우리가 좀 더 실감나게 정리해 봅시다. 먼저 지금의 미국 교과서를 보면 이렇게 되어 있습니다.

Wu of Han, in the seventh generation after Emperor Gaozu of Han, invaded Wiman Joseon and set up the Four Commanderies of Han, the so-called Lelang, Lintun, Zhenfan, and Xuantu commanderies in the northern part of the Korean Peninsula near Pyongyang. They teach as though these events were the beginning of Korean history.

They claim that we, the Korean people, began our history not as a sovereign state, but as a Chinese colony—namely, as Wiman Joseon and as the Four Commanderies of Han. About a generation ago, school history textbooks asserted, "Ancient Joseon is a myth." One day, this was replaced by a new assertion: "*It is said* that Dangun Wanggeom founded Joseon, making Asadal its capital city in 2,333 BCE." These narratives are still found even today in two different versions of high school history textbooks in South Korea.

In fact, the official stance is: it's a myth! Dangun is a myth! What words are instinctively spoken by the so-called intellectuals of South Korea when it comes to the history of their own nation? "Ancient Joseon is a myth!" This means that the history of Korea that has endured until modern times spans approximately 2,000 years. Even the Japanese, who built their first nation under the strong influence of Korea, claim to have a 3,000-year history.

Eight million innocent Koreans were massacred by Imperial Japan. In the book *The Bloody History of the Korean Independence Movement* by Park Eun-sik, two brothers running across a field to hold a memo-

『한국독립운동의 혈사韓國獨立運動之血史』 박은식(1859~1925)
이 일제의 악행과 조선의 항일운동 역사를 모아 3·1운동 이듬해 (1920)에 출판함

The Bloody History of the Korean Independence Movement by Park Eun-sik (1859-1925), published in 1920.

"중국의 국가 영토를 처음으로 가장 크게 넓힌 왕이 진시황이다. 그 진나라의 이름에서 가져와 영토적으로 '차이나China'라 하고, 한고조漢高祖 유방劉邦이 천하를 쟁패하여 통일했으니 한나라야말로 중국문화의 한 근원이다. 이것을 상징하여 자기들의 신원을 말할 때 '한족漢族'이라고 한다."는 것입니다.

여기 미국 교과서에 실린 한나라 지도를 보세요. 한강 유역까지 한나라의 영토로 표시가 되어 있습니다. 우리나라의 절반이 중국 한나라의 식민지였다는 것입니다. 이런 사실이 전혀 없는데 말입니다. 이것이야말로 완벽한 역사 조작입니다.

그다음 칭기즈칸의 후예가 세운 세계적인 대제국 원元나라가 있는데 당시 영토를 보면, 우리나라가 100% 식민지로 나옵니다. 원나라의 식민지로 말입니다. 우리나라가 고려 말 충렬왕 때부터 황제라 부르지 못하고 왕으로 낮춰 부른 적은 있어도 나라를 완전히 뺏긴 적은 단 한 번도 없었습니다. 따라서 이것은 100% 역사 조작입니다.

rial service for their deceased father were noticed by Japanese soldiers and hacked to pieces on the spot. They sliced open a pregnant woman's belly with a sword and murdered the unborn child. Eight million Korean people were brutally killed, and, in the process, the history of the Korean nation was obliterated. Yet, caught in the trap of a colonial legacy dictated by mainstream historical scholars, many Koreans have been faithfully reciting this distorted history—until now.

To more vividly understand how distorted Korean history is, let us briefly review history textbooks from Japan, China, and the world.

Qin Shi Huang was the emperor who expanded Chinese territory farther than it had ever been. But after ten years or so, his empire fell. The name "China" originated from this empire. Liu Bang, the Emperor Gaozu of the Han, asserted military hegemony over all of China and unified it. Thus began the Han Dynasty. Since then, the Chinese people have regarded the Han Dynasty as their origin, identifying themselves as Han Chinese.

A map from one history textbook in the US depicts a part of the Korean Peninsula as a colony of this Han Dynasty. It is a completely inaccurate map, drawn based upon invalid arguments by China.

Then there was a nation called "Yuan," otherwise known as the Mongol Empire, founded by the descendants of Genghis Khan. Some textbooks depict Korea as a colony of Yuan. Although from King Chungnyeol of the Goryeo Dynasty onwards, the title of the sovereign was degraded from emperor to king, there was nevertheless no historical period in which Koreans completely lost their sovereignty. It is a complete fabrication.

미국 교과서 『세계사 World History』 (글렌코 맥그로 힐 출판, 2004)

    그다음 미국 역사서를 보면, 고대에 작은 무리의 유목민들, 즉 노마드 nomad[3]가 중앙아시아에서 이주해 왔다는 것입니다. 즉 우리 한민족이 떠돌이라는 것입니다. 일부는 북방에서, 일부는 저 서쪽에서 왔다는 것입니다. 그것이 완전히 틀린 얘기는 아니지만 근본이 잘못된 것입니다.

---

3) 노마드nomad: 한 곳에 정착하지 않고 다른 장소로 이주하면서 생활하는 사람이나 그런 사람들로 구성된 사회. 프랑스의 철학자 들뢰즈Gilles Deleuze가 그의 저서 『차이와 반복』(1968)에서 노마드nomad의 세계를 '시각이 돌아다니는 세계'로 묘사하면서 현대 철학의 개념으로 자리 잡은 용어이다.

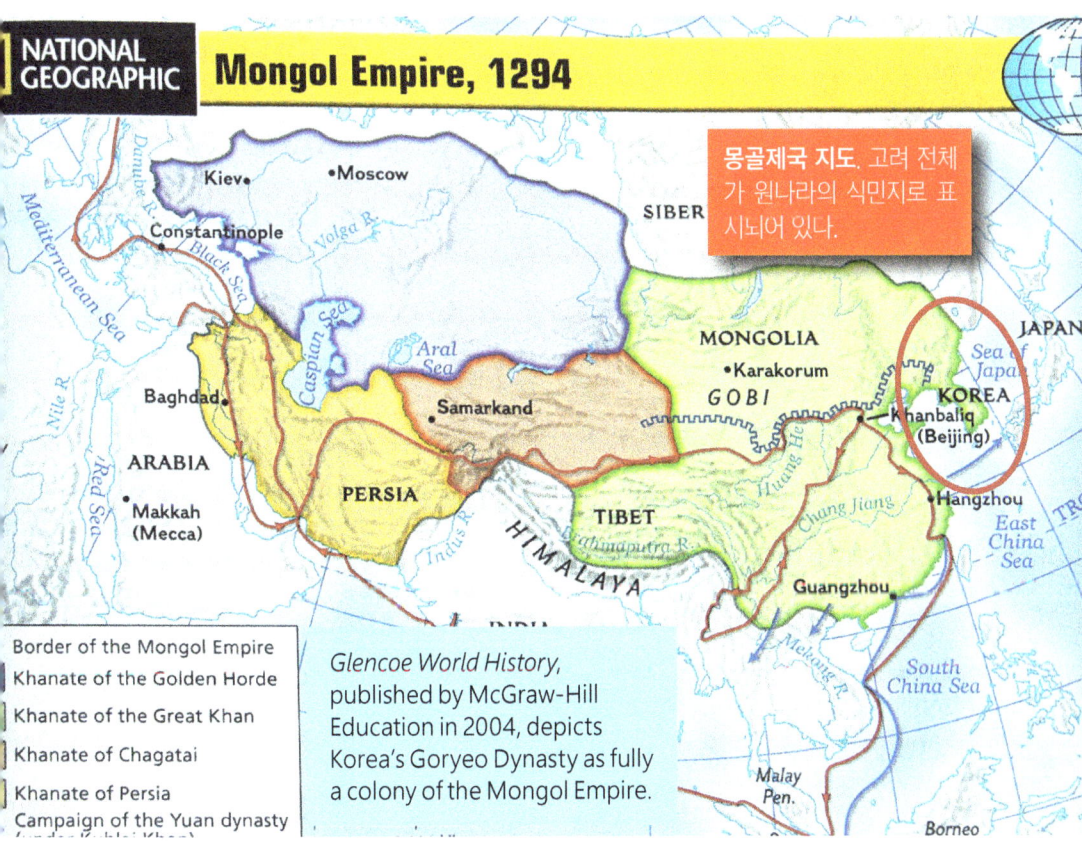

미국 교과서 『세계사World History』 (글렌코 맥그로 힐 출판, 2004)

Another American history textbook says, "In ancient times, small bands of nomadic hunters migrated to Korea from Central Asia" (*World Cultures*, 2003). They say Koreans are like vagabonds: some came from the north, some from the west. This is also not true.

다음은 **영국 교과서**인데, 우리나라가 진한秦漢 시대, 즉 지금부터 2,200년 전후에 중국 정부의 지배 하에 있었다고 왜곡해놨습니다. 이런 적이 전혀 없습니다!

또 **대만 교과서**는 한술 더 떠서 이렇게 말합니다. 중국의 3대 고대 왕조인 소위 하나라, 상(은)나라, 주나라에서, 상나라가 망하고 주나라가 들어설 때, 즉 문왕과 그의 아들 무왕이 은나라를 멸망시키고 주나라를 열 때, 은나라에 현인 세 사람이 있었는데 그중에 한 사람인 **기자箕子**가 한반도에 와서 원래 미개한 야만인이었던 우리 민족에게 문자를 가르쳐줘서 문명이 열렸다는 것입니다.

그러나 기자가 한반도에 온 사실이 없습니다. 역사 현장을 실제 답사하면서 산동성 조현에 있는 그분의 무덤까지 직접 가봤지만, 그분은 그냥 산동반도 그 위쪽 아래쪽에서 돌다가 거기서 돌아가셨습니다.

산동성 조현에 있는 기자묘. 기자는 한반도에 결코 온 적이 없다. 산동성 지역에서 옮겨 다니다 세상을 떠났다.

Jizi's tomb in Cao Xian. Jizi did not leave the Shandong Peninsula during his lifetime. He never came to the Korean Peninsula.

A history book depicting two-thirds of the Korean Peninsula under Chinese administration. (Source: *The Times Complete History of the World*, Times Books, 2010.)

영국 교과서의 진·한시대 동북아 지도

History textbooks in Britain assert that Korea was under the control of the Qin and Han dynasties of China around 2,200 BCE. But this never really happened.

What is worse, history textbooks in Taiwan say something even more preposterous. There were three dynasties of antiquity in China, the Xia, Shang, and Zhou. Shang is otherwise known as the Yin Dynasty, which gained its name when it moved its capital city to Yin. When the Shang Dynasty fell, King Wen and his son King Wu founded the Zhou Dynasty.

These textbooks declare that Jizi, one of the three sages from the end of the Shang Dynasty, came to the Korean Peninsula to civilize the barbarians and taught them to read and write.

Jizi, however, never came to the Korean Peninsula. To confirm this, I myself went to his hometown—even to his tomb. I discovered that he did not leave the upper and lower regions of the Shandong Peninsula in his entire life.

Distorted Korean History 47

한국의 역사 현주소를 간단히 살펴보면서, 왜 **중화문명 사관**이 지금 문제가 되는지, 왜 우리 8,200만 한민족이 누구도 빠짐없이 이 문제에 대해 귀를 기울이고, 그 문제의 심각성을 새롭게 생각해야 하는지를 정리하고자 합니다.

북경에서 서북쪽으로 차를 빠른 속도로 몰고 가면 한두 시간 좀 넘게 걸리고, 도로 사정이 안 좋을 때는 네 시간 정도 걸리는 도시가 있습니다. 바로 탁록涿鹿입니다. 제가 이곳에 초겨울에 갔을 때, 중국 공산당 지도자들과 중국의 지성인들이 그들의 13억 국민에게 역사 교육을 어떻게 집행하고 있는지, 찬바람을 맞으면서 가슴 서늘하게 체험한 적이 있습니다.

탁록이라는 곳은 우리 한국인 역사 선생님들도 잘 모릅니다. 우리는 지구촌 동서 4대 문명 가운데서 동북아시아의 황하 문명이 어디에서 나온 것인지, 다시 말해서 **황하 문명의 고향, 중화 문명의 탄생지**가 어디인지를 반드시 제대로 알아야 할 필요가 있습니다. 그곳이 바로 **탁록**입니다.

탁록은 4,700년 전에 **중국 역사의 시조인 황제헌원과 진정한 동방의 대천자 치우천황이 10년 대전쟁을 벌인 곳**입니다. 바로 그 탁록 벌판에, 중화민족의 세 분 조상을 모신 사당이라는 **중화삼조당中華三祖堂**이 있습니다. 그 사당의 정문 위에 '**귀근원歸根苑**'이라고 금색 글씨를 크게 새겨 놨습니다. 귀근원은 <u>근원으로 돌아가는 집, 뿌리를 찾는 집, 중화민족 역사의 뿌리를 드러내는 집</u>이라는 뜻입니다.

Now, let's take a look at why the Sinocentric view of history[1] is problematic to Korea. Why should each and every one of the eighty-two million people of the Korean nation, without exception, pay attention to this matter and be aware of how serious it is?

Zhuolu City is located northwest of Beijing. If one drives quickly, the trip takes two hours or so by car; typically, it takes four hours, due to traffic. Once, when I visited Zhuolu in early winter and found myself exposed to the chilly wind there, I experienced a shuddering truth about the history education the leaders of the Communist Party and intellectuals in China are giving its 1.3 billion people.

Few history teachers in South Korea, perhaps, would know Zhuolu City. From where originated the Huanghe civilization, one of the so-called four major civilizations of humanity? Where is the birthplace of the Chinese civilization? Zhuolu. This is something we need to know accurately.

Zhuolu is the place where Huangdi (Xuanyuan, the Yellow Emperor), the progenitor of Chinese history, fought a ten-year war against Emperor Chiu (Chiyou), the Ruler of the East. In this city, the Hall of the Three Grand Ancestors was built. At the main gate is written "Gui Gen Yuan" (歸根苑), which means "The Place of Returning to the Origin," or "The House of Recovering One's Own Roots." This is the place that reveals the historical roots of the Chinese nation.

The Hall of the Three Grand Ancestors (*Samjodang*, 三祖堂) enshrines Huangdi (Yellow Emperor Xuanyuan) in the middle, Yandi (Flame Emperor Sinnong or Shennong, from 5,200 years ago) on the right, and Chiu (Chiyou) on the left. It's ironic that the Chinese enshrine both Chiu and his rival Xuanyuan, the rulers of the eastern and western regions respectively, who fought fierce wars against each other, as if they were both the forebears of the Chinese nation.

---

1). The Chinese have viewed China as the cultural center of the world and external ethnic groups and foreign nations as uncivilized barbarians.

Distorted Korean History

황하문명의 고향, 중화문명 탄생지
탁록을 바르게 알자

 삼조당三祖堂, 세 분의 조상을 모신 사당이라는 뜻입니다. 그런데 재미있는 것은 가운데에 황제헌원씨가 있고, 오른쪽에 치우천황, 왼쪽에는 염제신농씨가 있습니다. 치우천황과 황제헌원, 10년 동안 처절한 역사전쟁을 한 동서방 문명의 주인인 두 양반을 저렇게 함께 모셔놓고 자기들 중화민족의 조상이라고 주장하고 있습니다.

Zhuolu, the Birthplace of the Huanghe Civilization

However, many historians contend that the three people who were enshrined at the Hall of the Three Grand Ancestors as Chinese national ancestors were not actually Han Chinese, they were from the east—they were the Dongyi or Eastern Yi. And this is the truth—an inconvenient truth about the Sinocentric view of history.

중화삼조당 中華三祖堂
The Hall of the Three Grand Ancestors

'중화민족 역사의 뿌리로 돌아가는 집' 귀근원 歸根苑

At the entrance of the Hall of the Three Grand Ancestors is written "Gui Gen Yuan" (歸根苑), which means, "The House of Recovering the Roots of the Chinese."

Statues of Emperor Chiu (left), the Yellow Emperor (middle), and the Flame Emperor (right), enshrined at the Hall of the Three Grand Ancestors.

Distorted Korean History

그러나 결론은 뭐냐면, **중화 문명 역사의 조상이라고 하여 중화삼조당에 모신 이 세 분이, 역사전문가들이 주장하듯이 '중국 한족이 아니고 동방 사람이다. 동이족이다.'**라는 말입니다. 여기에 중화 문명 역사관의 또 다른 진실이 있는 것입니다.

중국사의 문제를 짧게 간단히 정리를 해보겠습니다. 중국 사람들은 그들 역사의 조상이라는 황제헌원을 제외하고 자기들에게 문화를 전해 준 역사의 시조, 즉 5,500년 전의 태호복희씨와 염제신농씨, 그 이전의 동이의 성인들을 심하게 모독하고 멸시합니다. 아예 인격을 깨버립니다.

이 사진은 중국 상해문화출판사에서 발간한 『중국역대제왕록』이라는 책에 있는 건데요, 중국인들이 동방의 성인 제왕들을 어떻게 표현하고 있는지 그 실체를 볼 수 있습니다. 먼저, **태호복희씨**입니다. 머리는 사람이고 몸은 뱀인 '**인두사신**人頭蛇身'으로 왜곡해놨습니다.

염제신농씨는 소머리에 사람 몸으로 왜곡해놨습니다. 머리는 소처럼 뿔을 그려놓고 '**우두인신**牛頭人身'이라고 해놓은 것입니다.

치우천황治尤天皇 같은 분은 워낙 강력한 분이자 **병법의 태조**이시라 **인격을 완전히 제거하고 도깨비로 전락시켜버렸습니다**. 이런 역사 왜곡 말살의 결과, 우리 한국인들이 2002년 월드컵에서 응원할 때 깃발에 붉은악마라는 도깨비 상을 그려놓았던 것입니다.

Actually, Chinese historiography profanes and maligns the Dongyi Emperors, such as Bokhui and Sinnong (but not Xuanyuan, whom they regard as the progenitor of Chinese history), to such an extent that their very humanity is denied.

Bokhui was depicted as possessing the head of a human and the body of a snake. Sinnong was described as one with horns like those of a bull. Because Chiu had been an extremely powerful figure and the progenitor of military strategy, his humanity was even more utterly denied and he was reduced to a *dokkaebi*, a mythological creature. Even today, you will find Korean soccer fans cheering on their team during the FIFA World Cup by raising the 'Red Devil' flags and banners, which depict Chiu as a mythological creature.

인두사신人頭蛇身으로 왜곡된 태호복희씨

Bokhui (Fuxi) has been depicted in Chinese books as possessing the head of a human and the body of a snake. This book explains that Bokhui was one of the Dongyi people.

우두인신牛頭人身으로 왜곡된 염제신농씨

Sinnong (Shennong) has been described in Chinese books as possessing horns like those of a bull.

출처: 『중국역대제왕록』(1989, 중국 상해문화출판사)
Source: *Chronicle of the Chinese Emperors*, Shanghai Publications, 1989.

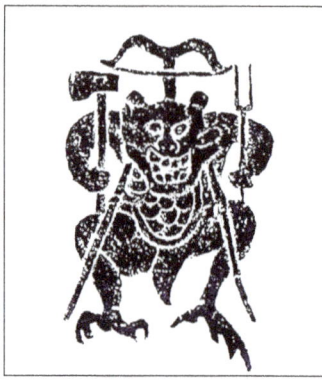

병법兵法의 태조인 치우천황을 두려워하여 인격을 제거하고 도깨비로 전락시킴
The Chinese feared Chiu (Emperor Jaoji), the progenitor of military strategy, so much that their descendants profaned him, depicting him as a mythological creature.

중국 산동성에는 명산 오악五岳⁴ 가운데에서 동악東岳으로 유명한 태산泰山이 있습니다. 태산은 중화 문명의 꽃을 피우게 한 동방의 성인 제왕들이 서방 한족에게 역사를 전해 준 역사 문명의 구심점이자 사령탑입니다. 실제로 이곳에 가보면 우리 한민족 역사의 뿌리가 그대로 다 살아 있습니다.

제가 역사 현장을 답사하러 산동성 태산에 갔습니다. 제가 벽하사를 지나면서 반대편의 문을 바라보는데, 바로 그곳에 놀라운 현판이 있는 것이었습니다. 자기동래紫氣東來! 그것을 보고 저도 모르게 이런 말이 나왔습니다. '저 뜻을 알고 이 태산을 오른 사람이 과연 몇 명이나 되겠는가?' 근래에도 수억 명이 이 산을 올랐을 텐데 말입니다.

자기동래! 붉을 자紫 자, 색채 미학에서는 자색紫色을 하나님의 색이라고 합니다. 하나님의 권능과 신성을 상징하는 색인데, 그 자紫 자가 중국의 천안문에 있습니다. 천안문은 9,999칸이나 되는, 명나라 청나라 때의 거대한 궁전인 자금성의 정문입니다.

---

4) 오악五岳 : 중국 5대 명산의 총칭으로 산서성山西省의 북악항산北岳恒山, 산서성의 서악화산西岳華山, 하남성河南省의 중악숭산中岳嵩山, 산동성山東省의 동악태산東岳泰山, 호남성湖南省의 남악형산南岳衡山을 일컫는다.

붉은 악마로 전락한 치우천황

Emperor Jaoji, the fourteenth ruler of Baedal, is now only remembered as the trademark mascot for the Red Devils, the supporters club for the Republic of Korea's national football team.

Among the five sacred mountains of China, Mount Taishan, in Shandong Province, is considered the center of history and civilization. It is also a place of strategic command, from which sage kings in Eastern Asia transmitted their advanced culture to the Han Chinese in the west. There, you will find that the truth of ancient Korean history still survives.

Once, as I hiked up Mount Taishan, an amazing sign came into view. Four Chinese characters were inscribed on it: *Zi qi dong lai* (紫氣東來)! No sooner had I seen this than I thought, "Even in recent years, hundreds of millions of people have probably climbed this mountain. Among those who climbed this mountain, how many really knew the true meaning of these four Chinese words?"

Zi qi dong lai! The first word *zi* means "purple." According to color aesthetics, purple is the hue of the Supreme Ruler (the highest deity, God). The color purple represents the Supreme Ruler's power and divinity. For instance, Tiananmen Square in Beijing is the main gate of Zijincheng, the Purple Forbidden Palace, a huge palace of the Ming and Qing dynasties boasting as many as 9,999 rooms.

Distorted Korean History

자기동래紫氣東來. 태산 정상 도교사원 벽하사 근처에 새겨져 있음.
Zi qi dong lai (紫氣東來), meaning, "purple qi comes from the east." This sign is found at the Shrine of the Blue Dawn (碧霞祠), near the top of the mountain.

그럼 '자기紫氣'가 무엇입니까? 자기란 붉은 기운이라는 뜻이고, 동래東來, 그 붉은 기운이 동방에서 왔다는 말입니다. 그러나 사실 이것보다는 천자의 기운, 천자 문화의 기운이 동방에서 왔다는 뜻이라 할 수 있습니다. 서태후西太后의 여름 별장 이화원頤和園[5]에도 '자기동래'라는 글귀가 있습니다. 사실은 저 글에 동방 역사문화의 진실이 다 들어있습니다.

'자기동래'는, 인류문화의 원형, 역사문화의 원형, 제왕문화, 천자문화의 원래 고향이 동방이라는 것입니다. 그 천자문화를 상징하는 영물이 용龍과 봉鳳입니다. 그런데 일반적으로 중국은 용이고 동북아의 한민족은 봉이라고 알고 있습니다. 그것도 왜곡된 것입니다.

---

5) 이화원頤和園 : 천안문 북서쪽 19킬로미터, 쿤밍 호수를 둘러싼 290헥타르의 공원 안에 조성된 전각과 탑, 정자, 누각 등의 복합 공간이다. 1750년 청나라 건륭제(1711~1799년)는 청의원을 지어 황실의 여름 별궁으로 쓰게 하였다. 서태후(1835~1908년)는 1889년부터 죽을 때까지 이곳에 거주했다.

자 기 동 래
紫氣東來

천자天子문화의 근원이 동방에서 왔다.

북경 이화원의 만수산萬壽山 동쪽 성문에 새겨진 '자기동래'

The words *zi qi dong lai* ("purple *qi* comes from the east") inscribed on the Eastern Palace Gate near Longevity Hill (萬壽山) in the Summer Palace, Beijing.

Zi qi dong lai literally means "purple *qi* comes from the east." But it actually signifies that the authority and divinity of an emperor (the Son of Heaven) originates from Eastern Asia. This passage can be found in Yiheyuan, the Empress Dowager Cixi's Summer Palace, as well. One could say that these four words encompass all the historical and cultural secrets of the land in the east.

The place from which the earliest form of human civilization originated—that is, the tradition that a sage king as the Son of Heaven ruled with the Mandate of Heaven—is Eastern Asia.

태산泰山 / 중국 산동성
Mount Taishan, Shandong Province, China.

지난 2007년 4월 18일, 중국의 하남성河南省 정주시鄭州市에서 13억 중화민족에게 역사 교육을 하기 위해 거대한 프로젝트가 완성됩니다. 거기에 가보면 누구라도 입이 딱 벌어집니다.

약 20년에 걸쳐서 하남성 정주시 외곽의 황하가 내려다보이는 산 정상에 미국 뉴욕의 자유의 여신상보다 더 큰 염제신농과 황제헌원의 석상을 만들어 놓았습니다. 그리고 '우리는 염황이제지손炎黃二帝之孫이다'라고 주장합니다. 염제신농과 황제헌원의 자손이라는 것입니다.

여기 기념판에 보면 아주 멋진 시가 쓰여 있습니다. 그 시 중간 후반부를 보면, '천불욕망아중화天不欲亡我中華 필불망중화지문화必不亡中華之文化', '하늘이 우리 중화를 멸망시키려고 하지 않는다면 중화의 문화는 결코 패망 당하지 않으리라.'라는 구절이 있습니다. 그런데 우리가 이 글을 어떤 느낌과 깨달음을 가지고 읽어 보면, 이 글을 쓴 사람은 어떤 두려움을 가지고 썼다는 것을 알 수 있습니다. '중화문명은 언젠가 또 한 번 패망 당하리라.'는 것을 몸속으로 느끼면서 쓴 것입니다. 저는 그것을 직접 보고 읽으면서 그런 느낌을 강하게 받았습니다.

지금의 중국은 55개의 소수민족을 탱크로 밀어붙여서 하나로 묶어 놓았습니다. 이런 중화합중국의 역사 문명은 어떻게 될까요? 미래는 어떻게 될까요?

The symbol that represents this culture of the Son of Heaven is the dragon; or, rather, the dragon and phoenix. Generally, people think that the dragon represents China and the phoenix represents Korea, but this is a misunderstanding arising due to distortions of history.

The Chinese government, in another ambitious project to indoctrinate China's 1.3 billion people with flawed historical information, erected a gigantic statue in Zhengzhou City, Henan Province. Visitors to this place are astounded by its magnitude. Over a period of two decades or so, the Chinese government built statues, even more gigantic than the Statue of Liberty, depicting Yandi, "Flame Emperor Sinnong," and Huangdi, "Yellow Emperor Xuanyuan," to assert that they were the forefathers of China.

In front of the statues, a wonderful poem has been inscribed upon a memorial tablet. In the middle of its last section, there is a passage that reads: "As long as heaven does not want our Chinese civilization to perish, the Chinese civilization shall never perish." If you read this passage with an open mind and deep understanding, you'll realize that it was composed by a person who was gripped by fear. The composer of this poem must have had the suspicion in his heart that someday the Chinese civilization would fall once again. Reading the poem, I saw through it with a sense of poignancy.

China has now unified fifty-five ethnic minority groups into one nation by force. So what shall become of the history and civilization of the United Provinces of China? What does the future hold for her?

염황이제炎黃二帝 동상(하남성 정주시, 제작기간 20년)

The statue of emperors Yandi and Huangdi in Zhengzhou City, Henan Province. The construction of this 106-meter statue was finished in April 2007. Chinese often refer to themselves as "sons and grandsons of emperors Yandi and Huangdi."

그렇다면 우리 한민족의 역사는 어디서 시작되었을까요? 그리고 무엇이 우리 한민족의 역사와 문화의 진정한 고향일까요?

이에 대해 기록한 사서가 있습니다. 지금의 강단사학자들도, 또 일본 제국주의자들도 인정하는 사서입니다. 바로 일본 사람들이 우리 민족의 역사와 문화를 완전히 뿌리 뽑기 위해, 역사 관련 사서 20만 권을 수거하여 불사르고 남겨 놓은 두 권의 책, 『삼국사기』와 『삼국유사』입니다.

『삼국사기』는 고구려, 백제, 신라 삼국에 대한 역사 이야기인데, 신라를 종통으로 놓기 위해 고구려를 부정하고 축소하였으며, 백제를 고구려의 시조인 고주몽의 친자손이 아닌 것으로 혈통을 조작해 놓은 책입니다. 이에 대한 역사의 진실은 오직 『환단고기』에서만 확연히 드러나 있습니다.

그리고 『삼국유사』는, 원元나라가 우리나라를 강권으로 지배하려고 하던 절체절명의 상황에서 '우리 한민족 역사의 참모습을 보여주겠다'고 하는 도전적인 의지로, 일연스님이 우리 역사의 핵심, 진실을 기록한 책입니다. 이 『삼국유사』 서두의 〈고조선기〉에서 일연스님은 왕침王沈이 쓴 『위서魏書』를 인용하면서 단군에 관한 이야기를 밝히고 있습니다.

Where did the history of Korea begin? What is the true historical and cultural homeland of the Korean nation? There are historical texts recording this fact that even Japanese imperialists and mainstream historians recognize as authentic.

During the colonial era, the Japanese burned as many as 200,000 Korean historical texts. Only two survived: *Samguk Sagi* (*History of the Three Kingdoms*) and *Samguk Yusa* (*Memorabilia of the Three Kingdoms*).

Samguk Sagi relates the story of the three kingdoms of Korea: Goguryeo, Baekje, and Silla. But it committed mistakes by reducing and denying the importance of Goguryeo to reinforce the claim that Silla inherited the authentic sovereign lineage of the Korean nation, and it fabricated the story of the royal family of Baekje to make it appear that the royal family did not descend from Gojumong, the progenitor of Goguryeo. The truth about this royal family line is clearly explained only in *Hwandan Gogi*.

Samguk Yusa is a historical text written by a Buddhist monk named Il-yeon during the period when Yuan (the Mongol Empire) was trying to establish its rule over Korea by might and main. Under these circumstances, Il-yeon wrote the book with a single aspiration: to reveal the true value of Korean history. The book begins with passages cited from the *Book of Wei* by Wang Chen, about the story of Dangun. Let's take a look at the "Old Joseon" chapter in *Samguk Yusa*.

한민족 역사와 문화의 고향을 간직한 『삼국유사』〈고조선기〉

자, 그러면 『삼국유사』〈고조선기〉에 나오는 단군 이야기를 성우가 읽는 것을 잠깐 들어보겠습니다.

"위서에 이르기를 지난 2천 년 전에 단군왕검께서 도읍을 아사달에 정하시고 나라를 세워 이름을 조선이라 하시니, 요임금과 같은 시대라 하였다.

고기에 이르기를 옛적에 환국이 있었다. 서자부庶子部의 환웅이 천하를 건지려는 뜻을 가지고 인간 세상을 구하고자 하거늘 환국을 다스리시는 아버지 환인께서 아들의 이런 뜻을 아시고 아래로 삼위산三危山과 태백산을 내려다보니 널리 인간에게 이로움을 줄 만한지라.

이에 아들에게 천부와 인 세 개를 주어 보내 이곳을 다스리게 하셨다. 이에 환웅이 무리 3천 명을 거느리고 태백산 꼭대기 신단수 아래에 내려오시어 이를 신시라 이르시니 이분이 바로 환웅천황이시다.

환웅께서 풍백과 우사와 운사를 거느리고 농사와 왕명과 질병과 형벌과 선악을 비롯하여 인간 세상에 360여 가지 일을 주관하시고 신교의 진리로써 정치와 교화를 베푸셨다.

이때 웅족과 호족이 같은 굴에 살았는데 늘 삼신 상제님과 환웅님께 사람이 되게 해달라고 빌었다. 이에 환웅께서 신령스러운 것을 내려 주시며 그들의 정신을 신령스럽게 하시니 그것은 곧 쑥 한 타래와 마늘 스무 매였다.

A Passage from the "Old Joseon" Chapter of Samguk Yusa

In the *Book of Wei*, it is written, "Two thousand years ago, Dangun Wanggeom established a nation named 'Joseon' and made Asadal his capital. This coincided with the era of Emperor Yao's reign."

The *Gogi (Ancient Records)* records:

"The Hwanguk nation existed long ago. Hwanung of Seojabu aspired to save all under heaven and bring deliverance to the human world.

"Perceiving his son's aspiration, Hwanin, ruler of Hwanguk, gazed upon Mt. Sanwei and Mt. Taebaeksan and deemed both suitable for fostering wide-reaching benefits for humanity.

"Hwanin thus granted his son Hwanung the Heavenly Emblems and Seal—the Three Treasures—then sent him forth to rule this region.

"Hwanung led three thousand people down to the foot of the Divine Tree on the summit of Mt. Taebaeksan. He named this place 'Sinsi' ("Divine City"), and he was called 'Heavenly Emperor Hwanung.'

"Hwanung led the Pungbaek, Usa, and Unsa, as well as the ministers of agriculture, imperial decrees, law, health, and morality, in overseeing more than 360 realms of human affairs. He ruled and enlightened the people of the world with the truth of Spirit Teaching.

"During this period, the Bear Clan and Tiger Clan, who lived in the same region, continually beseeched the divine Hwanung to change them into ideal human beings.

환웅께서 이르시기를 너희들은 이것을 먹으면서 햇빛을 보지 말고 백일 동안 기원하라. 그리하면 인간의 본래 참모습을 회복할 것이니라 하셨다.

웅족과 호족이 환웅께서 주신 쑥과 마늘을 먹으면서 스무하루 동안을 삼가매 웅족은 여자다운 몸이 되었으나 호족은 금기를 지키지 못해 참된 사람의 몸이 되지 못하였다. 웅족 여인이 혼인할 곳이 없으므로 매일 신단수 아래에 와서 아이를 갖게 해달라고 빌었다. 이에 환웅께서 웅족 여인을 임시로 광명의 민족으로 받아들여 혼인해 아들을 낳으시니 이름을 단군왕검이라 하였다."

사실 『삼국유사』 〈고조선기〉는 우리 한민족의 역사와 문화의 고향을 가장 간결하게 담고 있습니다. 그러나 당시 일연스님이 얻을 수 있는 역사 문헌 정보의 부족으로 고조선의 진실된 역사를 온전히 드러내지 못한 것에 대해서는 매우 유감이며 참으로 애석합니다. 하지만 이 속에는 우리 역사뿐만 아니라 **인류 최초의 문명국가인 '환국桓國'에 대한 너무도 중요한 정보**가 있습니다. 따라서 한국인이라면 남녀노유 할 것 없이 누구도 이 〈고조선기〉를 매일 아침에 일어날 때마다 한 번씩 소리 내서 읽어야 한다고 생각합니다. 그렇게 수년간 읽다 보면, 이 〈고조선기〉에서 전하는 역사적 기록이 어떤 의미가 있는지 홀연히 깨닫게 됩니다. 한민족의 역사 시원에 대해서, 우리 한민족의 첫 출발점에 대해서 이 문서가 얼마나 중대한 역사적 값어치가 있는지 스스로 깨닫게 됩니다.

"In response, Hwanung gave them divine items, which were a bundle of mugwort and twenty cloves of garlic, and he commanded, 'Eat these and avoid the sunlight for one hundred days. If you do, you will become ideal humans.'

"The Bear Clan and Tiger Clan disciplined themselves for three seven-day periods spanning twenty-one days, consuming only the mugwort and garlic. The Bear Clan members became ideal women. But the Tiger Clan failed to comply with the precepts and did not attain ideal human form.

"Thereafter, a woman of the Bear Clan, lacking any ideal man to marry, came to the foot of the Divine Tree daily and prayed to be blessed with a baby. Hence, Hwanung granted her provisional acceptance into the Hwan people, married her, and begot with her a son: Dangun Wanggeom."

The "Old Joseon" chapter in *Samguk Yusa* recounts most succinctly the story of the historical and cultural origin of the Korean people. Although it is regretful and disappointing that Monk Il-yeon could not reveal the whole picture of the history of ancient Joseon, due to the scarcity of reference materials he could access in his era, nevertheless this book contains not just Korean history of great significance, it also contains information about humanity's first nation, Hwanguk.

I think this is not a book to be lightly read and laid aside. In fact, if we read this passage over and over again for years, we will come to realize what the historical records of the "Old Joseon" chapter really mean. We will come to recognize the historic origin and starting point of the Korean people, as well as how historically significant this text is.

『삼국유사』〈고조선기〉를 보시면 전체 내용이 크게 세 단락으로 구성되어 있습니다. 결론은 우리 역사의 일차적인 근원을 『위서』를 인용하여 선언하고 있다는 것입니다.

'2천 년 전에 단군왕검이 입도아사달立度阿斯達하시고 개국호조선開國號朝鮮하시니 여고동시與高同時니라.' 단군왕검이 아사달에 도읍을 정하고 조선이란 나라를 세웠다, 그 때가 중국 당나라의 요임금과 같은 시기였다는 것입니다.

중요한 것은 이 조선이 어디서 왔는가 하는 것인데, 바로 그 한 소식을 〈고조선기〉에서 전해주고 있습니다.

우리 한민족의 첫 출발점이 어디입니까? 이에 대해 『고기古記』라고 하는, 즉 우리 한민족이 직접 기록한 문서를 인용하여 설명하고 있습니다. 처음에는 『위서』를 인용하여 설명하다가 우리의 기록인 『고기』를 통해 한민족의 역사 시원에 대해 밝혀주고 있습니다.

그런데 한민족의 첫 출발점에 대한 정말 놀라운 이야기는 '석유환국昔有桓國', '옛적에 환국이 있었다', '밝을 환桓 자', '나라 국國 자', '광명의 나라'가 있었다는 것입니다.

그리고 동방 개척의 꿈을 가진 환웅이란 인물이, 즉 서자부의 환웅이 '삭의천하數意天下', 천하를 건지려는 뜻을 가지고, 인간 세상을 구하고자 그 뜻을 환인 천제께 아뢰니, 환국의 통치자인 환인 천제께서 종통의 상징인 천부인天符印 세 개를 내려주셨다는 것입니다. 이 천부경天符經 문화에 우리 한민족과 인류 문명의 근원을 푸는 모든 사상체계, 문화체계가 들어있습니다.

Let's now talk about the "Old Joseon" chapter of *Samguk Yusa* in detail. First, it reveals the original foundation of Korean history by citing the *Book of Wei*: "Two thousand years ago, Dangun Wanggeom established a nation named 'Joseon' and made Asadal his capital. This coincided with the era of Emperor Yao's reign."

Here, an important question arises: from where did Joseon originate? On this subject, the "Old Joseon" chapter reveals a secret. The book cites *Gogi*, a historical text written by Koreans, which makes the following astonishing statement regarding the origin of the Korean nation: "Hwanguk (the 'Radiant Nation') existed long ago."

The text then describes the story of Hwanung, who had a vision of founding a nation in Eastern Asia and bringing deliverance to the human world. He frequently demonstrated his aspiration to Hwanin, the ruler of the Hwanguk nation. Eventually, Emperor Hwanin granted him the three treasures, the Heavenly Emblems and Seal, as tokens of transferring the legitimate authority of his supremacy to Hwanung, then sent him to rule the eastern region. Thus ensues the story of Hwanung's departure to the eastern land.

By the way, in the scripture known as *Cheonbu Gyeong* (*The Scripture of Heavenly Code*), which is the written version of the Heavenly Emblems, the foundation of philosophy and culture that unlocks the secret origin of the Korean civilization and of humanity can be found.

환인천제께서 환웅에게 천부天符와 인印 세 개를 주시면서 '견왕이지遣往理之하라', '그대를 보내니 가서 다스려라'고 하신 기록이 나옵니다. 그리고 환웅이 3천 명을 이끌고 동방으로 오는 이야기가 이어지는데, 거기에 보면 삼사三師, 즉 풍백風伯, 우사雨師, 운사雲師라고 하는, 현대 국가 조직사의 근원이 되는 입법, 행정, 사법부에 해당하는 조직이 나옵니다. 이 분야에 대해서는 한국의 이강식 교수가 평생 조직사를 연구하여 STB상생방송에서 몇 년 전에 아주 체계적인 강의를 한 적이 있습니다.[6] 우리 한국 국민들, 특히 지식인들이 관심을 가지고 그분의 명강의로부터 아주 많은 깨달음을 얻은 바 있습니다.

그런데 역사문화의 고향인 『삼국유사』〈고조선기〉가, 일연스님이 자신의 불교 역사관을 기준으로 쓰다 보니, '석유환국' 옆에 괄호하고 주석을 붙여 '환국은 제석신帝釋神의 나라다. 불교 신화의 나라다. 아사달은 지금의 한반도 대동강변의 평양이다.' 이렇게 잘못된 해석을 하는 우를 범하게 됩니다. 그럼으로써 일본 역사 침략자들에게 한민족 역사의 뿌리를 뽑을 수 있는 아주 좋은 알리바이, 역사 왜곡의 빌미를 제공하였습니다.

---

6) 『환국, 신시, 고조선 조직사』(상생출판, 2014, 이강식)

The record then mentions the three ministers, the Pungbaek, Usa, and Unsa, who correspond to the heads of today's legislative, executive, and judicial branches respectively—a typical model for the governance of a state in modern civilization. A few years ago, Professor Lee Ghang-sik in South Korea, who has studied the history of governmental organization all his life, gave a series of lectures on a related topic for STB (Sangsaeng Television Broadcasting). Many Koreans were deeply inspired by his excellent lectures.

Although *Samguk Yusa* reveals the origin and starting point of the Korean nation, the author Il-yeon made the fatal error of adding several incorrect annotations, perhaps because he was not able to transcend his limited perspective as a Buddhist monk. He wrote that Hwanguk was the nation of a deity called Jeseok (Indra), making it a nation in the Buddhist mythology, and that Asadal was the present-day Pyongyang in the Korean Peninsula. These incorrect historical interpretations gave the imperial Japanese invaders a good excuse to eradicate the ancient history of Korea.

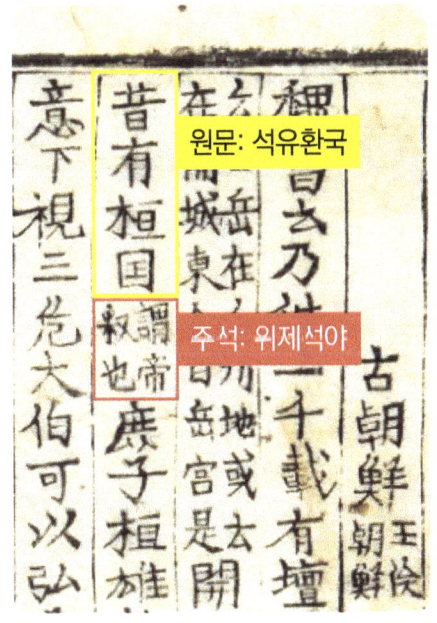

『삼국유사』<고조선>

In *Samguk Yusa*, it is written, "The Hwanguk nation existed long ago." But the annotation says, "Hwanguk was the nation of a deity called 'Jeseok' (Indra)."

Distorted Korean History 73

이것을 근거로 일본은 우리 한민족의 역사 뿌리인 환국과 환웅천황이 백두산 신시에 건국한 도시국가인 신시배달神市倍達, 배달을 계승한 단군조선, 이 3대 한민족의 시원역사 시대를 뿌리까지 송두리째 잘라버렸습니다. 즉 일연 스님이 붙인 '위제석야謂帝釋也', '제석을 말한다'라는 주석에 힘입어 환국을 불교 신화에 나오는 나라로 둔갑시키고, 환국을 계승한 배달과 단군조선도 허구의 나라로 만든 것입니다. 간결하게 핵심을 정리하면, "환국·배달·조선은 허구의나라다. 국가 성립사가 아니다. 신화의 역사다. 환인과 환웅과 단군은 3대 왕조의 역사시대가 아니라 할아버지와 아버지와 아들의 3대 역사다. 신화의 인물사다."라는 것입니다.

그런데 불행히도, 지금도 대한민국의 강단사학과 초등학교부터 중고등학교, 대학교, 나아가 전 지구촌의 역사 교과서 모두가 하나가 되어 우리 한민족의 역사 근원을 잘라낸 일제의 역사 말살 조작극에 동조하고 있습니다.

일본의 역사말살 특수기관인 〈조선사편수회〉의 3인방 가운데 막내인 금서룡今西龍[7]은 '석유환국昔有桓國'을 '석유환인昔有桓因'이라고 조작했습니다. '석유환국昔有桓國'에서 '국國 자'를 '인因 자'로 조작하여 '옛적에 환국이 있었다'를 '옛적에 환인이 있었다'라고 해놓았습니다. '환국'이라는 나라가 있었던 것이 아니라, '환인'이라는 인물이 있었다고 왜곡 조작한 것입니다. '국國 자'를 '인因 자'로, 이 한 글자를 조작한 것은 실로 '한국 고대사의 핵, 한국사의 영혼을 도려낸 사건'입니다.

---

7) 금서룡今西龍(이마니시 류, 1875~1932) : 1913년에 교토제국대학 조교수가 되었다. 중국·영국에 유학, 1922년에 문학박사 학위를 받고, 1925년에 조선총독부 조선사편수회 위원이 되었으며, 이듬해 1926년에 경성제국대학 교수로 취임하였다. 한국사를 왜곡·말살하는 데 주도적인 역할을 했다. 사학자 이병도의 스승이다.

Exploiting the monk's incorrect interpretation, Imperial Japan severed the historical roots of the Korean nation: Hwanguk; Baedal, a nation that Emperor Hwanung founded in Sinsi near Baekdusan Mountain; and Dangun Wanggeom's Joseon, which succeeded Baedal. People now claim that Hwanguk, Baedal, and Joseon are mythological, that they do not belong to the historical record of Korea's first nations, and that they merely reflect a history of mythological figures.

In short, they say that there were three generations of Hwanin, Hwanung, and Dangun (a grandfather, father, and son), not three nations. Indeed, this family lineage is also portrayed as a myth.

In this way, the mainstream circle of historical studies in South Korea blindly advocates Imperial Japan's version of historiography, which destroyed our ancient history, and allows these historical distortions in the school and college textbooks of Korea and around the globe.

The Korean History Compilation Committee was Imperial Japan's special office for annihilating the history of Korea, and the youngest of its three most notorious committeemen was Imanisi Ryu. This man is the one accused of falsifying the phrase *Seok yu hwan guk* (昔有桓国), meaning "The Hwanguk nation existed long ago," in the manuscript of *Samguk Yusa*, concocting instead the phrase *Seok yu hwan in* (昔有桓因), meaning "Hwanin existed long ago." With this change, the story became the tale of Hwanin the person, not Hwanguk the nation. I went to Tokyo University to examine the original text in person and discovered that the text of the 1904 edition read, "The Hwanguk nation existed long ago."

그런데 제가 일본 도쿄의 동경대학에 가서 그 원본을 직접 확인했습니다. 1904년에 동경대에서 출판한 책에는 분명히 '석유환국昔有桓國'으로 나와 있습니다. '석유환인'이 아니라 '석유환국'으로 말입니다. '옛적에 환국이 있었다'는 것입니다.

그리고 여기에 보면 '일웅일호一熊一虎', '한 마리 곰과 한 마리 호랑이가 환웅에게 찾아와서 사람이 되게 해달라고 빌었다'라고 되어있습니다. 곰하고 호랑이가 왔다. 이렇게 해석하는 사람은 아마도 지구촌에 대한민국 사람밖에 없을 것입니다.

예를 들어, 월남전 때 맹호부대를 파견했습니다. 그때 호랑이가 갔습니까? 아니죠? 비둘기부대가 갔다고 하면, 비둘기가 갔습니까? 아닙니다. 이것은 **토템**[8]입니다. 그 부족 또는 그 지역 주민들이 자연과 친교하며 역사를 만들어나가면서 자기들을 지켜주는 상징물로 토템을 삼은 것입니다.

---

8) 토템totem : 특정 집단이나 인물에게 종교적으로 연결시킬 수 있었던 야생 동물이나 식물 등의 상징을 의미한다. 인간집단과 동·식물 또는 자연물이 특수한 관계를 유지하고 집단의 명칭을 그 동·식물이나 자연물에서 따붙인 예는 원시민족 사이에서 널리 발견되고 있다.

Another incorrect interpretation of the text involves the phrase *Il ung il ho* (一熊一虎), meaning "the Bear Clan and Tiger Clan." It is wrong to interpret: "A bear and a tiger beseeched the divine Hwanung to change them into human beings." Nobody but the people of South Korea would interpret the text in this way.

For instance, there is a South Korean military unit named the Tiger Division. But does this mean that the troop consists of tigers? If you are a soldier of the Pigeon Division, would you be a pigeon? Not in the least. They are symbolic animal totems. In those days, living in communion with nature, people made certain animals their symbolic totems, which they believed protected them.

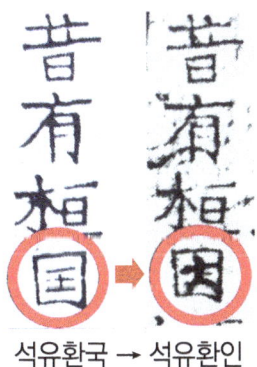

Imanishi Ryu concocted the phrase "*Seok yu hwan in* (昔有桓因)," meaning "Hwanin existed long ago," by writing 因 over 国 in the manuscript.

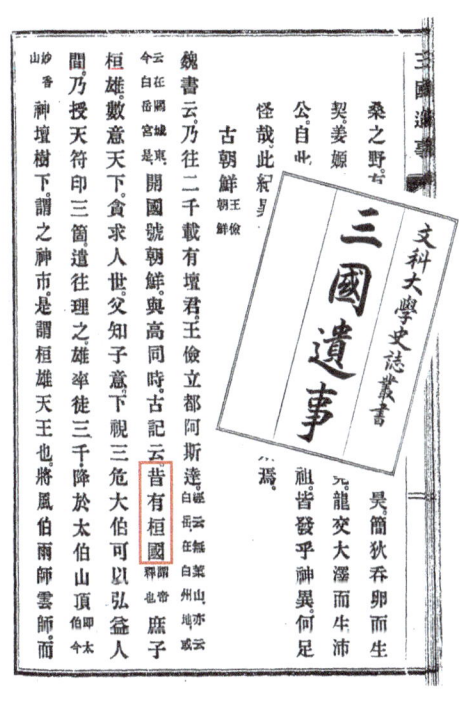

1904년 일본 동경대에서 출판한 삼국유사

The 1904 edition of *Samguk Yusa* published by Tokyo University clearly states, "The Hwanguk nation existed long ago."

Distorted Korean History 77

중앙아메리카의 멕시코 남부에서 유카탄반도 지역에 이르는 마야문명 유적지를 가보면, 동물 문양의 투구를 쓰고 있는 전사의 모습을 그린 벽화를 흔히 볼 수 있습니다. 그들은 거기에 자기들의 토템을 새긴 것입니다. 이런 것은 세계 여러 곳에서 볼 수 있습니다. **토템은 곧 자기 부족의 상징입니다.** 그런데 곰과 호랑이가 와서 사람 되게 해 달라고 했다? 그것은 생물학적으로도 영원히 불가능한 일입니다.

사실 이것은 **웅족과 호족** 사람들이 환웅천황에게 와서 환국의 광명문화의 심법, 광명문화의 신성함, 그 삶의 원리를 가르쳐달라고 한 것입니다. 그래서 환웅께서, "백일 수행을 해라"라고 하고, 마魔를 다스리는 치마제治魔劑인 마늘을 주고, 냉冷을 다스리는 쑥을 주었던 것입니다.

이것은 의학의 초보적인 지식인데 이런 것을 다 무시하고, 곰과 호랑이가 와서 사람이 되게 해달라고 했다, 그런데 곰만이 참을성이 있어서 마침내 사람이 되어 환웅과 결혼하여 단군왕검을 낳았다는 것입니다. 이것이 사실이라면, 우리는 곰의 후손입니까? 아니 어떻게 곰보다 더 미련한 역사 해석을 할 수 있습니까? 그런데 지금도 초등학교 중고등학교 교과서를 보면, 이『삼국유사』〈고조선기〉를 약속이나 한 듯이 그렇게 번역해서 싣고 있습니다.

In the case of the Mayan civilization, you can see pictures in which people are wearing helmets made of their own totems. We witness this feature in many places. These are totemic symbols of their own clans. It is biologically impossible for animals—a bear and a tiger—to ask to become humans. The true meaning of the text is that the people of the Bear Clan and Tiger Clan were seeking to learn from Emperor Hwanung the principle of radiant life that had been passed down from the divine civilization, the Hwanguk nation. That was how they entered into their one hundred days of asceticism. And they were given cloves of garlic, a medicine that wards off demons, and mugwort, a medicinal herb that keeps the body warm.

To interpret the text as a bear and a tiger beseeching to become humans is to disregard these most basic aspects of medical knowledge. If it were truly a bear that patiently followed the instructions, became a human, and married Hwanung, giving birth to Dangun Wangeom, then are Koreans the descendants of the bear? How preposterous a claim this is!

Even today, regrettably, these kinds of historical interpretations of the "Old Joseon" chapter of *Samguk Yusa* are put into the school textbooks.

마야 창조신화를 묘사한 그림. 투구의 동물 문양은 마야인들의 토템을 상징한다.

An illustration of the Mayan creation myth. The people are wearing helmets in the shapes of their totem animals.

우리 역사문화의 고향은 『삼국유사』〈고조선기〉의 '석유환국', '옛적에 환국이라는 나라가 있었다'에 나오는 '환국'입니다. 이런 기록을 가지고 있는 문화민족은 동아시아뿐만 아니라 서양에도, 또 아메리카 대륙 남북 어떤 인디언 문화에도 없습니다. 오직 『삼국유사』〈고조선기〉에만 있기 때문에, 그 역사기록이 너무도 소중한 것입니다. 환국과 신시배달과 단군왕검 조선의 3대 왕조 역사가 있었다는 것입니다.

The "Old Joseon" chapter in *Samguk Yusa*, which reveals the very womb of Korean history and culture, proclaims, "The Hwanguk nation existed long ago." This is a very rare statement—one never found before in the historical texts of any other people, not only in Eastern Asia but in the Western world and elsewhere in North and South American Native cultures. The "Old Joseon" chapter of *Samguk Yusa* has a precious historical significance, for it reveals that Hwanguk was the first nation of humanity, followed by Baedal and Joseon.

제2장

한민족 역사문화의 정수를 담은 환단고기

　자, 그러면 한민족의 역사 시원뿐만 아니라 인류 역사의 기원, 세계사의 출발점을 밝혀주는 창세 역사의 문화원전인 『환단고기』를 통해, 이제 우리 역사의 실제 근원을 향해서 한번 여행을 떠나보기로 하겠습니다.

　우선 '『환단고기』란 어떤 책인가?'입니다.

　역사의 주제가 무엇입니까? 우리 한민족뿐만 아니라 인류 시원 문화의 본질을 무엇으로 규정하고 있습니까? 그것을 한 글자로 말할 수 있습니다. 『환단고기』란 책 제목이 말해주듯이 바로 '환桓'입니다. 환! 밝을 환 자입니다. 우리말에도 "야, 참 환해서 좋다. 나는 무엇보다도 환하게 밝아서 좋다"라는 말이 있습니다.

　시원 역사의 본질이 환桓입니다. 나무 목木 자 옆에 뻗칠 긍亘 자를 쓴 글자입니다. 목木이란 하나님의 생명을 말합니다. 대우주의 순수 신성을 오행으로 목木이라고 합니다. 그리고 목 자 옆에 뻗칠 긍亘은 영어로 익스팬딩expanding, 즉 확장입니다. 무한한 순수 생명이 한없이 퍼져 나간다는 뜻입니다. 그것이 바로 환의 참뜻입니다. 정리하면, 인류 역사문화의 핵이 한마디로 '환'인 것입니다, 환!

Chapter 2

Hwandan Gogi: A Masterpiece of Korean Historiography

Now, let us embark on a journey together toward the origin of history revealed by *Hwandan Gogi*, the record containing the earliest history of the Korean nation—as well as of the world.

The nature of *Hwandan Gogi* is revealed in the book's title. What does *Hwandan Gogi* say is the most important theme of human history? How does it define the essence of Korean culture as well as the essence of the world's foundational culture? The answer can be expressed in a single word: *hwan*. There is a Korean expression, "*hwan-ha-da*," that means something is "radiant." And *hwan* is a word meaning "radiance." The essence of the world's original history is *hwan*.

The character *hwan* (桓) is a compound ideogram composed of the pictograms 木 "tree" and 亘 "expand." The tree or wood, according to the "Five Agent (五行)" theory, signifies the life of God, the pure divinity of the vast universe. Thus, the character 桓 is an iconic illustration of pure divine life extending infinitely with no limitation.

그렇다면 이 환은 무엇인가요? 바로 '천광명天光明, 하늘광명'입니다. 자천광명自天光明, 하늘에서 내려오는 대광명, 이것이 환입니다.

그리고 어머니 지구의 광명은 무엇인가? 그것을 '단檀'이라고 합니다. 그래서 『환단고기』는 '천지 광명을 체험하고 살았던 동북아 역사의 주인공인 한민족의 역사 이야기다'라고 정의할 수 있겠습니다. 한마디로, 『환단고기』는 천지의 광명 역사 이야기입니다.

이 『환단고기』 속에 담긴 대한의 천지 광명의 역사 이야기야말로 우리들이 진실로 찾고 싶었던 인생의 주제요, 깨달음의 주제요, 기도와 수행, 진리의 총결론이라 할 수 있습니다.

자천광명 위지환야
自天光明을 謂之桓也오
자지광명 위지단야
自地光明을 謂之檀也오

하늘에서 내려오는 광명을 환이라 하고
땅의 광명을 단이라 한다

(『태백일사』「신시본기」)

그렇다면 '대한민국', '한국', '한국인' 할 때의 한韓의 뜻은 무엇일까요? 바로 여기에 아주 흥미진진한 우리 역사의 핵심 결론이 담겨 있습니다. 한은 사람 몸속에 깃들어 있는, 우리 각자의 내면 안에 있는 천지광명天地光明을 말합니다. 다시 말해 내 마음과 몸과 영혼 속에 들어있는 천지의 우주광명이 한입니다.

So, the word *hwan* encapsulates the essence of the history and culture of humanity. *Hwan* signifies the radiance of heaven—the radiance that descends from heaven. What, then, is the word that represents the radiance of Mother Earth? It is *dan*. So, *Hwandan Gogi* (The Ancient Records of Hwan and Dan) can be defined as the historical record of the Korean nation and Korean forefathers, who, as the heroes and masters of Northeast Asian history, experienced the radiance of heaven and earth.

In a nutshell, *Hwandan Gogi* is a historical record of the people who pioneered the *hwandan* ("radiance of heaven and earth") civilization. This book addresses all the aspects of life that we have been seeking to understand—all the subjects such as enlightenment, prayer, and spiritual journeys.

> "The radiance that descends from heaven is called *hwan*."
> "The radiance that spreads from earth is called *dan*." ("Annals of the Divine City," *Taebaek Ilsa*.)

Hwandan is the radiance of heaven and earth. What, then, is the meaning of *han* in Hanguk or Daehan Minguk, the names of Korea in the Korean language? The word *han* captures a very important aspect of history. *Han* is the radiance of heaven and earth that exists within every one of us. *Han* is the cosmic radiance of heaven and earth which resides in our bodies, minds, and spirits. *Han* can also signify people with inner radiance, pioneers of enlightened (*hwandan*) civilizations.

따라서 한이란 천지광명의 역사, 우주역사의 주체를 말하는 의미도 있습니다. 그런 의미에서 한은 단순히 동북아의 한민족, 한국인에 국한된 의미가 아니라, 지구촌 동서고금의 모든 인간의 존재를 정의하는 것입니다. 인간의 존재를 규정짓는 것입니다. 그러므로 지구촌 오늘의 70억 인류가 전부 대한大韓인 것입니다. 아메리카 대륙에 있는 모든 이들도 대한이요, 유럽에 있는 모든 사람, 또 아프리카에 있는 7억 형제들도 다 한이요, 대한입니다. 지구촌 70억 인류가 다 대한인 것입니다.

『환단고기』에 들어가서 첫 문장을 읽을 때, 우리는 왜 『환단고기』의 역사 진실을 느끼지 못할까요? 왜 그것을 잡아내지 못하는 것일까요?

이런 안타까움의 이면에는 바로 우리 역사의 구성원리, 문화를 창조한 삶의 원리를 모르기 때문입니다. 대우주의 광명문화, 우주론을 근본으로 해서 인류 역사뿐만 아니라 한민족의 시원 역사가 구성되어 있다는 것을 깨닫지 못하기 때문입니다.

그런 의미에서 『환단고기』는 '우주 사상, 우주 광명문화의 원전原典이다'라고 정의할 수 있겠습니다. 따라서 『환단고기』를 읽으면 읽을수록 마음이 밝아집니다. 인문학에 대해 깊은 사색을 하든, 예술이나 음악을 하든, 연주를 하든, 시를 읊든, 과학도가 되었든, 자연의 관찰자가 되었든 『환단고기』를 제대로 읽으면 한없는 기쁨, 정말로 대우주 광명과 일체가 된 그런 숭고함, 생명의 신성함을 느낄 수 있을 것입니다.

그리고 『환단고기』에는 인류문화의 전 영역이 다 들어있습니다. 수학, 천문학, 과학, 철학, 종교, 언어학, 의식주 생활문화, 현대 정치문화의 기원 등 모든 인류문화의 전 영역에 대한 원형문화의 한 소식을 전해주고 있습니다.

Therefore, *han* refers not only to the Korean nation or the Korean people, but to all humans, past and present, in the East and West, across the entire world. It defines who we truly are. All seven billion members of humanity are great *han* (*daehan*). Everyone in the Americas is a great *han* too. Everyone in Europe, all seven hundred million brothers and sisters in Africa, all of us are, indeed, *han*—great *han*.

I find, much to my regret, that many people have difficulty fully understanding the essence of the book *Hwandan Gogi*. What is the reason for their struggle? It is because the ancients' philosophy of cosmic radiance (*hwandan*), based on which the history of Korea as well as that of the whole world have formed, is hidden deeply in the dark.

In this sense, *Hwandan Gogi* can be defined as a peerless classic of the philosophy of cosmic radiance, which records the history of humanity's radiant spiritual and enlightened culture. The more we read it, the brighter our minds become.

No matter what academic discipline you pursue—whether it is the humanities, art, music, literature, or science—if you read *Hwandan Gogi* and truly grasp its essence, you will reach a state of true bliss and inspiration as if you had attained complete alignment with the cosmic radiance.

Moreover, *Hwandan Gogi* encompasses vast domains of human culture. For example, it reveals the origins of mathematics, astronomy, science, philosophy, religion, linguistics, lifestyle (food, clothing, and housing), and the origin of contemporary political culture.

또한 『환단고기』는 한·중·일 역사의 근원을 전해줍니다. 한민족의 근원뿐만 아니라 중국 역사의 원 시조가 누구인지 밝혀주고 있습니다. 환웅천황과 더불어 천산 동쪽 환국에서 오신 분이 있습니다. 직접 한번 읽어보시기 바랍니다.

일본 역사의 원 조상은 누구일까요? 정말로 궁금하지 않습니까? 일본 역사의 원 시조, 누가 지금의 일본 열도에 최초로 나라를 세웠을까요? 2,600년 전의 신무왕神武王[9], 그 실체가 누구일까요? 행촌 이암이 쓴 『단군세기』 36세 매륵단군조를 보면 그 인물이 나와 있습니다.

이렇듯 『환단고기』에는 한·중·일 역사의 시조뿐만 아니라 나아가 동서 인류 문명의 기원에 대해서도 핵심을 전해주고 있습니다. 즉 서양문명의 근원조차도 『환단고기』를 통해서만이 그 역사의 출발점을 알 수 있는 것입니다.

『환단고기』는 1천 년의 오랜 세월에 걸쳐서 다섯 분에 의해서 쓰여진 책입니다. 이 책의 전체 구성을 보면, 크게는 다섯 권, 작게는 열세 권의 역사서로 구성되어 있습니다. 이 열세 권의 책 속에 한민족과 인류의 시원 문화, 창세 역사의 핵심이 잘 정리되어 있습니다.

【 환단고기의 구성과 저자 】

삼성기 상	삼성기 하	단군세기	북부여기	태백일사
안함로	원동중	이암	범장	이맥
(579~640)	(?~?)	(1297~1364)	(?~1395)	(1455~1528)
1책 1권	1책 1권	1책 1권	1책 2권	1책 8권

다섯 분이 쓴 총 5종 13권의 역사서

---

9) 신무왕神武王 : 일본의 제1대 왕으로 전해지는 인물. 재위 76년에 죽었을 때 나이가 127세, 또는 137세라고 하는데 일본의 역사가들은 그를 실제 인물이라기보다는 신화적인 인물로 본다.

Also, *Hwandan Gogi* reveals the origins of the three countries of East Asia (Korea, China, and Japan). It not only clarifies the origin of the Korean civilization, it sheds light on the hidden origin of China. The progenitor of the Chinese civilization is not Huangdi, the "Yellow Emperor," as commonly thought. It's actually the person who left Hwanguk to found a nation in the western region, during the time Emperor Hwanung founded the Baedal nation in the east. You'll learn who this person is when you read *Hwandan Gogi*.

Hwandan Gogi also unravels the mystery regarding the person who is said to have founded the first civilization in the Japanese archipelago. The progenitor of the Japanese civilization is commonly known as Emperor Jimmu, who lived 2,600 years ago. The chapter dedicated to Dangun Maereuk, the thirty-sixth ruler of ancient Joseon, in *Dangun Segi* (written by Yi Ahm), which is one of the books that comprises *Hwandan Gogi*, describes the story of Jimmu.

In fact, *Hwandan Gogi* not only unveils the history of the progenitors of Korea, Japan, and China, but also encapsulates very important facts about the dawn of human civilization. I am certain that if it were not for *Hwandan Gogi*, the origin of Western civilization would not be truly known either.

Books of *Hwandan Gogi* and Their Authors

Samseong Gi – First Volume	Samseong Gi – Second Volume	Dangun Segi	Buk Buyeo Gi	Taebaek Ilsa
Anhamro (579-640)	Won Dong-jung (?-?)	Yi Am (1297-1364)	Beom Jang (?-1395)	Yi Maek (1455-1528)
1 volume, 1 book	1 volume, 1 book	1 volume, 1 book	1 volume, 2 books	1 volume, 8 books

Five titles and thirteen volumes written by five authors.

그럼 첫 번째 책을 쓰신 분은 누구인가? 그분은 중국 수나라에 유학을 갔던 도승입니다. 도道가 말할 수 없이 아주 높은 분으로 석가모니 이상으로 한 소식을 들은 분이라고 해도 부족함이 없는 아주 인격이 훌륭하신 분입니다.

바로 신라 10대 성인 가운데 한 분인 '안함로安含老' 대성大聖입니다. 그분이 쓴 『삼성기』 상권이 첫 번째 책이고, 원동중元董仲이라는 분이 쓴 『삼성기』 하권이 두 번째 책입니다.

『삼성기』 상하는 『삼국유사』 〈고조선기〉에 나오는 환국 배달 조선의 한민족 시원 역사, 3대 왕조의 역사 틀을 바로 잡아주고 있습니다. 『삼성기』 상은 우리 한민족 역사의 계보, 즉 국통맥을 고구려의 역사까지 바로 잡아 주고 있는데, 사실 작은 글자로 쓰면 한 페이지밖에 되지 않는 분량입니다. 이 책을 쓰신 안함로 도승은 유교, 불교, 도학에 도통을 하신 분입니다. 즉 유불선에 회통하셨기 때문에 『삼성기』 상의 문장은 아주 간결하지만 **우리 역사의 뿌리를 밝혀주는 정말로 소중한 책입니다.**

안함로安含老(579~640). 신라시대 도승. 유학 시절 수나라 임금 문제文帝를 직접 만남. 황룡사 9층탑 건립을 주장

Over the lengthy span of a thousand years, five authors wrote the five books (thirteen, if subdivided) that make up *Hwandan Gogi*. These books well summarize the essential truth of the original history and culture of the Korean people and of humanity.

The author of the first book, *Samseong Gi I* (*The Annals of the Three Sacred Dynasties I*), was Anhamro (579-640), an enlightened monk of very high spiritual caliber who studied and practiced Buddhism in the Sui Dynasty of China. The second book, *Samseong Gi II*, was written by Won Dong-jung (?-?). This book affirms the existence of the Three Sacred Nations (Hwanguk, Baedal, and Joseon) in ancient Korea, which is also established in the "Old Joseon" chapter of *Samguk Yusa*.

Samseong Gi reveals the correct chronology of the dynasties in Korean history up to the period of the Goguryeo Dynasty. Although the original text is brief—if written out with a pen, it would not exceed a single page in length—it is an invaluable document that illuminates the historical roots of the Korean nation, since the authors were enlightened individuals who mastered all three teachings: Confucianism, Buddhism, and Daoism.

Anhamro (579-640), an enlightened monk during the Silla Dynasty. He studied and practiced Buddhism in the Sui Dynasty of China.

세 번째 책 『단군세기』는 단군왕검이 세운 옛 조선, 바로 고대 조선, 2천 년 동안 지속된 단군조선의 역사서입니다. 정확하게 2,096년 동안 마흔일곱 분의 단군왕검이 나라를 다스린 역사를 기술한 책입니다. 이 책에는 '단군조선이 중국의 요임금, 순임금, 하나라, 상나라, 주나라의 왕조 역사들과 어떤 국제 교류 관계를 맺었는가?' 하는 역사 내용에서부터 실제 우리 한민족 역사문화의 핵심들이 잘 정리되어 있습니다.

　그리고 여기에서 정말로 잘 살펴보아야 하는 내용이 있는데, 우리 역사에서 잘려나간 중간 허리 부분, 바로 '부여夫餘'의 역사입니다. 중국 후한後漢 때 왕충王充이 지은 『논형論衡』[10]이라든지, 그 외 여러 사서를 봐도 사실 부여 역사가 북부여의 역사인지 동부여의 역사인지, 어느 나라의 역사인지 알 수가 없게 되어 있습니다. 다 뒤죽박죽되어 있습니다.

　그리고 네 번째 책은 『북부여기』입니다. 고려 말 공민왕 때 『단군세기』를 쓴 행촌 이암 선생과 조정에서 같이 봉사한 복애거사伏崖居士 범장范樟, 본명은 인간 세世 자, 동녘 동東 자로 범세동이라는 분이 지은 북부여의 역사책입니다.

　복애거사는 『북부여기』를 통해 우리 역사가 단군조선, 즉 옛 조선이 끝나고 종통이 어디로 계승되었는지, 그 국통맥을 바로 세워주셨습니다. 그것이 한민족 상고 역사의 잃어버린 고리, 북부여의 역사입니다. 그 북부여의 국통이 고구려로 이어집니다.

　해모수 단군이 북부여를 건국하면서 동부여(가섭원부여)가 갈려 나가는데, 그 때가 한나라와 위만의 전쟁이 있던 바로 그 무렵입니다.

---

10) 논형論衡 : 중국 후한後漢의 왕충王充이 지은 책으로, 85편으로 구성되어 있다. 서한(전한) 때의 동중서로부터 동한(후한)에 이르는 유가의 신학을 비판하고 있으며, 당시 교육의 갖가지 폐단을 신랄하게 공격했다.

행촌 이암李嵒(1297~1364) 고려 말 공민왕 때 문하시중門下侍中 (국무총리 격) 역임. 「단군세기」 지음

Yi Am (1297-1364), a high government official and scholar during the reign of King Gongmin, in the latter period of the Goryeo Dynasty.

The third book, *Dangun Segi* (*Annals of the Dangun Dynasty*), records the history of Dangun Wanggeom's Joseon, which lasted 2,096 years and was ruled by forty-seven Danguns. This book recounts Joseon's international exchange with the states of the emperors Yao and Shun, and the Xia, Shang, and Zhou dynasties of China. It ably encapsulates important historical facts about ancient Joseon.

One of the things we must pay extra careful attention to when reading *Hwandan Gogi* is the history of the Buyeo Dynasty, which has been expunged in historiography. Chinese historical texts, such as *Lunheng*, recount this part of Korean history so equivocally that one can hardly picture it. In other words, although Northern Buyeo, Eastern Buyeo, and Western Buyeo are different dynasties, Chinese historical texts did not distinguish them from each other. The stories are comprehensively intermingled and distorted.

The fourth book is *Buk Buyeo Gi* ("*Annals of Northern Buyeo*"), written by the reclusive scholar Beom Jang (?-1395). Both Beom Jang and Yi Ahm (1297-1364, author of the book *Dangun Segi*) were high government officials and scholars during the reign of King Gongmin, in the later period of the Goryeo Dynasty. *Buk Buyeo Gi* clearly states which dynasty succeeded ancient Joseon: Northern Buyeo. Around the time that the Wiman kingdom was conquered by Emperor Wu of Han, a member of the royal family of Northern Buyeo moved eastward to found a new dynasty called Eastern Buyeo.

마지막으로 다섯 번째 책은 『태백일사太白逸史』입니다. 우리 한민족의 역사뿐만 아니라 인류 창세 문화의 전모를 드러낸 정말로 보배로운 책입니다. 고성 이씨 행촌 이암의 직계 4대손으로서 연산군 중종 때 조정에서 찬수관을 역임했던 일십당一十堂 이맥李陌이라는 분이 저술하였습니다. 『태백일사』는 여덟 편의 사서로 구성되어 있습니다.

정리하면, 『삼성기三聖紀』 상하, 『단군세기檀君世紀』, 『북부여기北扶餘紀』 상하, 『태백일사太白逸史』 여덟 편, 이렇게 모두 열세 권으로 구성된 『환단고기桓檀古記』는 인류 창세역사와 한민족 9천년 역사의 국통맥을 바로 세우는 인류 원형문화의 원전인 것입니다.

용호재龍湖齋. 금성범씨錦城范氏의 재실(광주광역시 북구 생용동)
복애거사 범장范樟(?~1395) 본명 범세동范世東. 고려말 공민왕 때 출사하여 간의대부諫議大夫 역임

Ancestral Memorial House of the Geumseong Beom Clan in Gwangju City, South Korea.
Beom Jang (?-1395) was a high government official and a prestigious scholar during the late Goryeo Dynasty.

Then comes the precious fifth book that reveals Korean history as well as the whole picture of the original culture of humanity. This is *Taebaek Ilsa (The Hidden History of the Great Radiance of Heaven and Earth)*, which was written by Yi Maek (1455-1528, honorific name Ilsibdang), who, as the direct fourth generation descendant of Yi Am (honorific name Haengchon), was a high government official and scholar during the reigns of King Yeonsangun and King Jungjong. *Taebaek Ilsa* comprises eight books, making *Hwandan Gogi* a tome consisting of thirteen books in total.

이맥李陌 선생 묘(1455~1528), 충남 연기군 서면 용암리 일명 두지골) 호: 일십당一十當. 행촌 이암의 4세손. 조선 중종 때 실록을 기록하는 찬수관 역임

The Grave of Yi Maek. A direct fourth generation descendant of Yi Am, Yi Maek (1455-1528) was a high government official and historian during the reign of King Jungjong in the Joseon Dynasty.

이런『환단고기』가 탄생할 수 있게 한, 고대의 기록들이 우리 한민족에게 전해지게 되는 기적적인 사건이 있었습니다.

　원나라의 내정간섭에 반대하다가 강화도로 유배되었던 이암李嵒 선생이 방면되어, 천보산天寶山 태소암에서 1년간 머무릅니다. 바로 그때 소전거사素佺居士라는 분이, 이암과 복애거사 범장范樟, 그리고『진역유기震域留記』를 쓴 이명李茗이라는 세 사람을 불러서 수천 년 동안 전해 내려온 우리 역사의 기록물을 전합니다. 그것을 천보산의 굴속에 보관해놓고 도를 닦으면서 지키고 있다가 마침내 이 세 사람에게 전수한 것입니다. 이를 전수받은 세 분이 '한민족사 회복을 위한 사서 집필을 하자'고 결의동맹을 하게 된 것입니다.

　'소전素佺'이란 '나는 이 우주 광명 자체의 인간이다'라는 뜻입니다. 바로 그 소전거사가 우리의 역사 문화 원형을 담고 있는 고문서를 전해주었던 것입니다.

천보산天寶山(경기도 양주). 소전거사와 3인의 결의동맹 성역
Cheonbosan Mountain in Yangju County.
Yi Ahm, Beom Jang, and Yi Myeong took a solemn oath on this mountain to restore the lost Korean history, after the secret conveyance of ancient historical books by Sojeon.

There were ancient records which later became some of the sources of *Hwandan Gogi*. It took a miracle for these books to be preserved to finally be included in *Hwandan Gogi*.

It was the reclusive scholar Sojeon, during the Goryeo Dynasty, who kept in a cave the historical records which had been passed down for thousands of years. One day at Cheonbosan Mountain in Yangju County, Sojeon solemnly entrusted these books to Yi Ahm and Beom Jang (who later wrote *Dangun Segi* and *Buk Buyeo Gi* respectively) and Yi Myeong (who later wrote *Jinyeok Yugi* "Memorabilia of the Eastern State"). That day, the three men took a sincere oath to restore the lost Korean history.

The name Sojeon suggests "I am the cosmic radiance itself." Without Sojeon, the ancient historical records that reveal the historical and cultural origins of the Korean people would not have been transmitted to posterity.

『환단고기』가 우리 한국 사회에 대중화될 수 있는 문을 연 또 다른 세 분이 있습니다.

조선말에 조선왕조가 망할 무렵 명문대가로 소문난 호남의 **해학**海鶴 **이기**李沂 선생과 그의 제자 구름 운雲 자, 나무꾼 초樵 자, **운초**雲樵 **계연수**桂延壽 선생입니다. 운초 선생이 조선왕조가 완전 패망 당한 다음 해인 1911년에, 우리 민족이 비록 패망 당했지만 진정 우리 한민족이 동북아 역사의 주인공, 이 세계역사의 주인공이었다는 것을 역사 전면에 드러내기 위해, 이것을 한 권의 책으로 묶어 역사 교과서로 편집하여 냈습니다. 독립운동가이던 **홍범도 장군**과 **오동진 장군**, 두 분이 호주머니를 털어 지원해준 자금으로 1911년에 『환단고기』 30권을 찍어낸 것입니다.

해학 이기李沂(1848~1909). 『환단고기』의 70%를 차지하는 「태백일사」를 계연수에게 전수함.

Yi Gi (1848-1909), a descendant of Yi Maek.

운초 계연수桂延壽(1864~1920). 이기의 제자. 한민족과 인류의 시원 역사를 밝힌 다섯 책을 합본하여 『환단고기』라 이름 붙임.

Gye Yeon-su (1864-1920), a disciple of Yi Gi. He compiled and bound the books written by five authors into one volume, naming it *Hwandan Gogi*.

And then, in modern times, the publication of *Hwandan Gogi* and its popularization among the Korean public was realized by another three important figures: Yi Gi (1848-1909, honorific name Haehak), Gye Yeon-su (1864-1920, honorific name Uncho), and Yi Yu-rip (honorific name Hanamdang). Yi Gi was a scholar and a Korean independence activist, famous for his calligraphy in the Honam region around the final period of the Joseon Dynasty in the nineteenth century, and Gye Yeon-su was his disciple.

Gye Yeon-su was the person who compiled and bound separate books into one volume, *Hwandan Gogi*, in 1911, a year after the Joseon Dynasty perished. Intending to make it known to the world that the Korean people, though they had temporarily lost their sovereignty, were the heroes who had shaped the history of Northeast Asia, he printed thirty copies of *Hwandan Gogi*, with funding from two leaders of the Korean Independence Army.

여천 홍범도洪範圖(좌) 송암 오동진吳東振(우). 독립운동가였던 두 사람이 사재를 털어 『환단고기』 30권 인쇄 경비를 조달함.

The first publication of *Hwandan Gogi* was privately funded by Hong Beom-do (Left) and Oh Dong-jin (Right), two leaders of the Korean Independence Army.

Hwandan Gogi: A Masterpiece of Korean Historiography

그러나 약 20년의 세월이 지난 뒤, 1920년 8월에 일본제국의 앞잡이 밀정 감영극의 밀고로 일본군 헌병대가 만주 관전현寬甸縣에 있던 배달의숙倍達義塾[11] 학당을 기습합니다. 이 때 3,000여 권의 책과 문서 모두를 현장에서 압수당하고 운초 선생이 끌려갑니다. 선생이 헌병대에 끌려가 죽검으로 얼마를 맞았는지 팔다리뼈가 다 부러지고 눈알이 빠져버릴 지경이었습니다. 그런데도 굴복을 하지 않으니 일본 장도로 팔다리를 자르고 모가지도 잘라서 참혹하게 죽은 시신을 압록강에 버렸습니다.

그렇게 강에 던져진 선생의 살점과 뼈마디를 물에서 건져내어 수습하면서 말없이 흐느껴 울던 한 소년이 있었습니다. 그가 바로 일 년 전에 자기 아버지 이관집 선생과 함께 배달의숙倍達義塾에서 운초 선생에게 우리 역사문화를 배운 한암당寒闇堂 이유립李裕岦 선생입니다.

---

11) 배달의숙倍達義塾 : 만주 항일무장투쟁의 3대 맹장 중의 한 분인 송암 오동진 장군이 석주 이상룡과 함께 출연하여 1919년에 평안북도 삭주군에 세운 민족학교이다. 오동진은 이곳에서 몸소 교사가 되어 계연수, 최시흥과 함께 학생들에게 민족혼을 역설하며 조선의 역사를 가르쳤다.

The Imperial Japanese police immediately put Gye Yeon-su on the wanted list. In 1920, a secret agent informed the Imperial Japanese police of his whereabouts. He was arrested, and his Baedal Uisuk Institute in Kuandian County, Manchuria, was raided by Japanese police. Everything was confiscated, including more than three thousand books and documents, and everyone at the institute was taken away.

Gye Yeon-su refused to renounce his beliefs and was hence brutally beaten to death. The Japanese police dismembered his body. The corpse was then dumped into a river.

At the scene, a boy later stood sobbing as he witnessed the mutilated body parts of his teacher, Gye Yeon-su, being dragged from the river. This boy was Yi Yu-rip (1907-1986), who had studied Korean history at the Baedal Uisuk Institute.

한암당 이유립 李裕岦 (1907~1986)

Yi Yu-rip (1907-1986), whose honorific name was 'Hanamdang.'

Hwandan Gogi: A Masterpiece of Korean Historiography

이 분이 1948년에 『환단고기』 원본을 가지고 평안도 삭주에서 내려와 전국을 돌다가 60년대 초에 대전시 중구 대흥동에 정착해서 제자들을 가르치기 시작했습니다.

이유립 선생은 고성이씨固城李氏로 『단군세기』를 지은 행촌 이암 선생, 『태백일사』를 지은 이맥 선생의 후손입니다.

이 고성이씨 문중은 우리 한민족뿐만 아니라 지구촌 인류 역사의 근원을 바로 세워주는 『환단고기』 역사서를 우리 민족에게 전해준 가문입니다. 지금 이곳에 고성 이씨 성을 가지고 계신 분이 있다면 『환단고기』를 누구보다도 사랑하시고 제대로 읽어보시기 바랍니다. 고성 이씨 문중에는 정말로 고개 숙여 절을 해야 합니다.

또 우리 한민족의 역사, 인류 창세 역사의 근원을 볼 수 있는 천지광명의 역사의 눈을 뜨게 해준 주인공 소전거사素佺居士도 우리는 영원히 잊지 못할 것입니다.

제가 『환단고기』와 인연을 맺은 것은 이렇습니다. 10대 때 저희 집에, 한암당 이유립 선생님이 학생들을 가르치기 위해 가리방을 긁어 백노지에 등사를 해서 만든, 작은 잡지 아닌 잡지가 몇 권씩 굴러다녔는데 그것이 바로 〈커발한〉이었습니다. 이 〈커발한〉을 보면서, '이 속에 뭔가 있긴 있는데, 커발한이 무슨 뜻일까?' 하고 생각해보았습니다.

사실 우리 한국 사람들은 '커발한'의 의미를 전혀 모르고 있습니다. 단군왕검의 역사도 신화로 부정하는데 더 말해 무엇하겠습니까? 그런데 이 '커발한' 속에는 하늘과 땅과 인간이 하나 되는 진리의 비밀, 역사의 도, 그 모든 것이 다 들어있습니다.

This man defected from North Korea in 1948, bringing one of the first printings of *Hwandan Gogi* with him. He finally settled in Daeheung-dong, Daejeon, in the 1960s and devoted his life to education.

The members of the Goseong Yi clan made a priceless contribution to the publication and preservation of *Hwandan Gogi*. We should never forget the contribution of these members of the Goseong Yi clan, and the scholar Sojeon, whose devotion brought to light the history of the great radiant civilization—the dawn of Korea and of humanity. All of them deserve grateful acknowledgement for eternity.

When I was little, I often found magazines titled *Keobalhan* at my house. It was a low-cost mimeographed booklet, which Yi Yu-rip printed to teach his students. This was the beginning of my connection with *Hwandan Gogi*.

I asked myself what the word *keobalhan* meant. There are not many people who would know what it really means, since even Dangun, the founder of Joseon, is regarded as a mythical figure by many Koreans.

In the word *keobalhan* is contained the truth and secret that "heaven, earth, and humanity are one." *Keobalhan* is actually an appellation of the first Hwanung, who founded the Baedal nation.

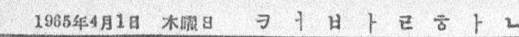

〈커발한〉 제1호(1965년)
Keobalhan magazine, Volume 1.

그러면 '커발한'이란 무엇일까요? 바로 **환웅천황**입니다. 환국 말기에 삭의천하數意天下, 동방 개척의 꿈을 자주 품으시고, **배달 나라를 창건하신 제1세 환웅천황의 호칭이 바로 '커발한**居發桓**'**입니다.

저희 아버지가 아마도 한암당 이유립 선생과 어떤 친교 관계가 있어서, 저희 집에 〈커발한〉이 여러 권 굴러다녔던 것이고, 그 후 20대 때, 연대로는 1980년대가 넘어서면서 『환단고기』 원본을 읽게 됐습니다. 사실 제가 누구 말을 일방적으로 듣거나, 귀가 얇아 한쪽으로 휩쓸리는 성격이 아닌데 진실로 그것이 진리일 때는 무릎을 꿇습니다. 그런데 한 40년 정도 『환단고기』를 접하고 더 나아가 실제 우리 역사에 전해 내려오는 문서, 중국에서 나오는 사서, 일본 사서, 또 서양의 역사서, 주요 사서들을 철저하게 따지면서 『환단고기』 역사를 진실로 받아들이게 되었고, 무릎을 꿇게 되었습니다.

Several copies of this magazine were in my house in Daejeon, probably because my father had an acquaintance with Yi Yu-rip. This eventually led me to read a printed copy of *Hwandan Gogi* in my twenties, during the early 1980s.

I am not a person who is gullible or easily affected by others. Only after I investigate a historical assertion thoroughly and come to the conclusion that it is indeed true do I accept it. In the forty years that have passed since I first read *Hwandan Gogi*, I have engaged in extensive historical research, consulting many other books, including ancient documents of Korean history, Chinese and Japanese historical texts, Western historical studies, and the world's major history books. Finally, I concluded that *Hwandan Gogi* is indeed true.

『환단고기』! 이 책을 전해주신 다섯 분은 사실 당대 왕조사에서 최고의 지성인들입니다. 그리고 이『환단고기』는 정말로 천하의 명문입니다. 종교와 철학과 동서 우주 사상이 담겨 있고, 또 중간중간에 아름다운 시와 지구촌 동서 인류 문화의 원형 사상을 들여다볼 수 있는 소중한 문서입니다. 따라서 그냥 무슨 만화책이나 잡지를 읽듯 그렇게 훌렁훌렁 소홀히 읽어서는 안 되는 소중한 책으로 우리가 가슴에 끌어안고 제대로 읽어야 합니다.

　『환단고기』의 결론은 결국 <u>심법을 전수하고, 역사의 도를 전수하는 데</u> 있습니다. 보통 우리가 불가에서, 유가에서, 또는 서교의 잠언에 보면 '무릇 지킬만한 것보다 네 마음을 지키라'는 말이 있습니다. 생명의 근원이 마음에서 나며, 마음으로부터 비롯된다는 것인데,『환단고기』는 진리를 가르치는 틀 자체가 차원이 다릅니다.

　우리가『환단고기』를 대할 때, '진정으로 고전을 어떻게 대해야 하는가?'를 먼저 생각해야 합니다.『환단고기』는 우리가 한평생 옆에 두고 <u>보면서 깨달음을 얻어야 하는 대도서大道書</u>인 것입니다.

The five authors of *Hwandan Gogi* were some of the highest intellectuals of their respective eras. *Hwandan Gogi* is indeed one of the world's master writings. It is a precious book that contains the universal philosophy of the East and West, beautiful poems, and the essence of human spirituality and culture—not a book to be read lightly and laid aside. We should read it wholeheartedly as befits one of human history's priceless books.

The purpose of studying *Hwandan Gogi* is, ultimately, to achieve an awakened perspective on life and history. One of my favorites, the Book of Proverbs in the Old Testament, says, "Above all else, guard your heart, for everything you do flows from it." *Hwandan Gogi*, while embracing this message, delivers something much more profound and enlightening.

The proper way to read a classic like *Hwandan Gogi* is to read it over and over throughout your lifetime, gaining new inspiration and understanding every time you read it.

제3장

인류 원형문화를 간직한 동서양의 유적과 문화코드

4대 문명의 근원이 되는 제5 문명, 홍산문화

　동서 4대 문명의 근원이 되는 제5의 문명이 발굴되었습니다. 소위 '**홍산문화**紅山文化'라고 합니다. 홍산문화 유적지를 들어가서 보면 **동서 거석문화의 원형**인 피라미드 문화가 있습니다. 소위 **총묘단**塚廟壇이 나왔습니다. **무덤**[塚]과 제단[壇]과 여신을 모시는 사원[廟], 이 세 가지가 한꺼번에 나온 것입니다.

　그런데 우리나라의 강단사학자들이, 홍산문화에서 나온 이 문화 원형의 양식을 제대로 해석하지 못하기 때문에, '홍산문화는 중국 문화가 아니다! 동북아 역사문화의 주인공인 우리 한민족 조상의 문화 자체다!'라는 주장을 오늘 이 순간까지도 제대로 외치질 못하고 있는 것입니다.

　그러면 홍산문화 유적지에서 나온 문화 원형의 양식, 그 문화 코드의 핵심이 무엇인지 볼까요?

Chapter 3

Universal Elements of Ancient Cultures; The Three Ancient Dynasties of Korea

The Hongshan Culture: The Cradle of Human Civilization

A very important archaeological discovery was made in Hongshan District, Chifeng: the Hongshan, a mysterious ancient culture believed to have laid the foundation for the development of the world's major civilizations. At Hongshan sites was found a pyramidal structure, one of the most classical types of megalithic monuments. A unique temple, referred to by archaeologists as the Goddess Temple, and an altar and cairn complex were also discovered.

However, contemporary mainstream scholars of Korean history are not capable of properly interpreting these features of the Hongshan civilization. As a result, they could not enunciate the truth that this was not the Chinese culture, but the ancient culture of the Korean people, who played a central role in shaping the history of Northeast Asia.

Let's take a look at some of the universal aspects of ancient cultures encoded in Hongshan sites.

地方
땅은 사각형으로 방정하다.
Earth is square.

The altar and cairn complex at the Niuheliang site, constructed in accordance with the concept "heaven is round (天圓) and earth is square (地方)."

　　무덤을 보면 돌로 석곽을 쌓아 올려 만든 적석총積石塚[12]입니다. 중국의 무덤은 돌이 아니라 흙을 쌓아 올린 토광묘土壙墓[13]입니다. 조금 있다가 단군조선에서 나간 북방 유목문화를 보면 더 놀라운 한 장면을 보게 될 텐데요, 지금의 만주와 산동성, 그리고 산동성 위쪽에서 한반도로 해서 일본으로 이 적석총 문화가 뻗쳐 나갔습니다. 그리고 동서로는 인디언 문화에까지 쭉 뻗어 나가 있습니다.

---

12) 적석총積石塚 : 일정한 구역의 지면에 구덩이를 파거나 구덩이 없이 시체를 놓고 그 위에 돌을 쌓아 묘역을 만든 무덤. 청동기시대 초기의 것.
13) 토광묘土壙墓 : 지하에 수직으로 장방형의 구덩이를 파고 시체를 직접 매장하거나 목관을 사용하는 형식으로 청동기 말기부터 철기시대에 유행한 무덤 형식.

天圓
하늘은 둥글다.
Heaven is round.

Hongshan graves are usually large stone piles or cairns. This is a style of tomb not reflective of Chinese culture. The ancient Chinese typically made earthen pit graves. This burial style of the Hongshan culture spread among the northern Asian nomadic tribes, who were descendants of ancient Joseon. It extended far and wide, from Manchuria to Shandong Province to Japan, and even as far as the Americas.

자, 무덤 양식을 볼까요. 이 무덤이 어떤 모습을 하고 있나요? 사각형을 하고 있습니다, 사각형! 그리고 제단은 원형입니다. 이러한 형태를 '천원지방天圓地方'이라고 합니다.

천원天圓, '하늘은 둥글다', 지방地方, '땅은 네모나다'는 의미입니다. 무덤 왼쪽을 보시면 사각형으로 되어있습니다. 사실 '지방地方'의 본래 뜻은, 땅이 '네모나다, 모가 나다'라는 뜻이 아니라 '방정方正하다'는 뜻입니다. 이것은 어머니 지구의 신성, 어머니 지구의 생명성을 상징하는 것입니다. 사각형이라는 게 반듯반듯하잖습니까?

하늘의 생명성은 원만하여 모든 것을 포용합니다. 온 우주의 모든 것, 인간과 만물을 포용합니다. 살아있는 우주 자체입니다. 다시 말해서 무한한 조화를 의미합니다.

어머니 지구의 덕성은, 아버지 하늘의 생명과 그 생명의 씨를 받아서 하늘의 뜻과 이상을 그대로 순종하여 이루는 것을 말합니다. 그래서 방정하다고 한 것입니다. 여자의 참마음, 여자의 진실은 무엇입니까? 여자는, 어머니 지구를 따라서 반듯해야 합니다. 한 가정에서 어머니 여성의 마음이 삐뚤어져 있으면 그 가정은 깨집니다. 어머니 마음이 반듯하면 그 가정은 희망이 있고 내일이 있지만, 어머니 마음이 삐뚤어져 있으면 그 가정은 매우 불안하고 미래가 어둡습니다.

천원지방에 대해 깨닫고 그러한 원칙에 따라서 자기 마음을 쓰고 생활하면 얼굴이 백 번 천 번 달라집니다.

그런데 이 천원지방을 해석해 들어가 보면 별의별 조화로운 얘기들이 많이 나옵니다. 결론 하나만 얘기하자면, 우하량牛河梁[14]의 제천단을 천원지방의 틀에서 보면 우리 동방 한민족 역사 문화권에 불교가 들어오기

---

14) 우하량牛河梁 : 중국 요녕성 능원시에 있는 홍산문화 유적지. 여신묘를 중심으로 20개의 적석총과 제단, 신석기 석성터가 발굴되어 대륙학계에 충격을 주었다.

At the Niuheliang site, which belongs to the Hongshan culture, large clusters of stone mound graves are constructed in a square shape, while the altar forms a circle. This style of architecture reflects the ancient East Asian concept known as *cheon won ji bang* (天圓地方): "heaven is round and earth is square."

One aspect of the square is that it is angular, but the feature of the square that demands more attention is that it is straight, level, or even. If the ancients say earth is square, they are describing the most divine virtue of the living Mother Earth: rightness. Meanwhile, a circle symbolizes unity, completeness, indivisibility, eternity, and all-inclusive harmony—the virtues of Father Heaven (the living cosmos). Fully embracing the design of Father Heaven, Mother Earth implements his divine plan with unfailing precision—this is the meaning of the phrase "earth is square."

I hope the reader will always remember that the virtue of Mother Earth is embodied within them. If a mother keeps a proper mind and an upright soul, her family is guaranteed a bright future. If a mother's mind is crooked, the family is prone to disintegration and has a dark future.

Inscribe the message of "heavenly sphere and earthly cube" on your heart and discipline yourself to contemplate it every day, making it a philosophy of life. This will transform you into a new person hundreds or thousands of times over.

전, 유교가 들어오기 전, 노자 장자의 도교가 들어오기 전, 서양의 기독교가 들어오기 이전에, 또 공자 석가 예수 성자들이 탄생하기 전에 7천 년의 역사가 더 있었다는 것을 알 수 있습니다.

이 엄청난 역사의 진실에 대해서 우리는 오늘 이 순간 다시 한번 각성할 필요가 있습니다. 7천 년의 역사가 4대 종교문화권 이전에 우리 문화의 근원으로서, 원형문화 시대로서 있었다는 것입니다. 또 우리는 그런 역사를 만들어 온 주인공으로 살아왔다는 것입니다.

그렇다면 이 문화의 색깔은 무엇일까요? 한마디로 천지에 제祭를 올렸다는 것입니다. 제천祭天문화입니다. 우리 민족이 한마음이 되어 하늘에 제사를 올리고 술을 마시고 춤을 추고 노래를 부른 것입니다. 이것이 우리 한민족의 축제입니다. 그런데 지금 우리나라에는 이러한 제천문화가 다 무너져서 사라져 버렸고, 일본에 건너가서 마쯔리[15] 형태로 살아있습니다.

소위 제5의 문명이라 불리고, 진정한 동서 문명의 근원인 홍산문화는 한마디로 우주 문명입니다. 홍산문화에서는 천지에 제祭를 지냈습니다. 우리 인간의 삶이란 태어나 자라고 늙어 죽는, 그렇게 단순한 것이 아닙니다. 인간은 하늘땅 천지 부모와 한마음이 되기 위해서, 하나의 생명이 되기 위해서, 하나의 신성이 되기 위해서 존재하는 것입니다.

우리 인간의 삶의 목적은 한 글자 '환桓'입니다. 오직 광명을 추구하는 삶입니다. 우리는 그런 삶을 살아왔습니다. 바로 그것을 홍산문화의 천지 제단이 보여주고 있습니다.

---

15) 마쯔리祭り : 원래 마쯔리는 고대 일본의 제정일치 시대에 왕이 신의 명령에 의해 나라를 통치하는 것을 의미하였다. 넓은 의미로 종교적 의례 전반을 가리키는 말로서 경사뿐만 아니라 장례나 제사, 병을 치료하는 의례, 재앙을 야기하는 신을 달래는 의례, 부정을 씻는 의례 등, 신과 인간과의 소통의 종합적인 관계를 포함하는 말이다.

The altar and cairn complex discovered at the Niuheliang site, which reflects the worldview that heaven is a dome and earth is a cube, sends a very significant message: 7,000 years before Buddhism, Confucianism, and Daoism appeared in the Far Eastern cultural sphere—before sages such as Shakyamuni, Jesus, Confucius, Laozi, or Zhuangzi were born—a nation already existed. This nation became the base of the four major civilizations of the globe, and the Korean people played a central role in shaping this history. Today, we must once again be awakened to this truth!

The existence of monumental architecture at Niuheliang (such as a temple, an altar, and cairns) points to the existence of religion in that community. Those people united in harmony to hold festivals with ceremonial offerings to heaven and earth. These festivals became a model for the national festivities of the Korean people in the subsequent dynasties. But this tradition has been almost forgotten in modern-day Korea, while it survived, instead, in Japan as various local festivals known as Matsuri.

This Hongshan culture, the cradle of both Eastern and Western civilization, was a community and culture shaped by the concept of a cosmic consciousness. It was a culture where people performed ritualistic ceremonies to heaven and earth. We are not merely mortal beings. Our inner cosmic self is in alignment with Father Heaven and Mother Earth, the divine sources. By recovering this innate divinity, we fulfill the highest purpose of human life.

The purpose of human lives can be epitomized by one word. It is *hwan*, "radiance." The ritual complexes at Hongshan sites speak volumes about the life of radiance the ancients pursued.

서양 제국주의자들이 자본주의 시장개척을 명분으로 동방 문화나 인디언 문화, 또 약소 민족국가의 문명을 파괴할 때, 역사파괴의 배경으로 삼았던 것이 '진화론'입니다. 그리고 동방의 신성神聖문화를 전부 '무당巫堂문화다, 샤머니즘이다.'라고 주장했던 것입니다.

그런데 최근 독일의 학자 칼바이트가 빛나는 저서를 통해서 우리가 말하는 인류 신성문화라는 것은 '블랙 샤먼이 아니라, 인류의 영성을 틔워주고 우주의 광명 그 자체가 되어 사는 화이트 샤먼이었다.'라고 밝혔습니다. '육체를 가지고 저 천상의 신의 세계를 자유자재로 왕래했던 화이트 샤먼이었다.'라는 것입니다.

그것을 오직 『환단고기』에서만 '이신시교以神施敎', '대우주 조물주 신의 가르침, 신의 생명, 신의 광명을 가지고 백성을 가르쳤다.'라고 밝혔습니다. 그것이 바로 '신교神敎'입니다.

그런데 우리는 이 '신교'라고 하는 우리의 본래 문화의 고향, 한민족과 인류의 원형문화의 주제를 잃어버렸습니다. 그러면서 '그건 무당이다, 미신이다.'라고 하면서 전통을 한순간에 파괴했던 것입니다.

그런데 중국은 홍산문화를 발굴해놓고는 이것을 해석할 수가 없는 겁니다. 중국 공산당 정부와 역사전문가들이 홍산문화의 주인공, 그 왕조의 실체가 도대체 무엇인지를 아무리 봐도 알 수가 없는 것입니다. 결론적으로 말하자면 그들에게는 이것을 해석할 수 있는 문서가 없습니다.

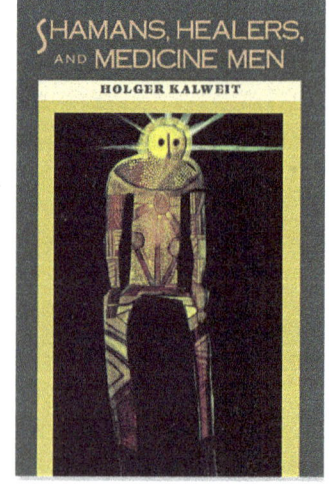

However, as Western nations conquered indigenous peoples, seeking to expand their markets, they exploited the theory of evolution and Orientalism to diminish the cultural values of indigenous communities in Asia, the Americas, and other parts of the world. Consequently, Eastern religious and spiritual conventions were belittled and branded as "shamanism."

According to Holger Kalweit, a prominent German ethnologist, there was a primeval golden age that "contrasts with the dark age of today." In that "golden age," shamans, as beings of light, "flew physically in the heavens… not in spirit but actually in the flesh."

In those times, people were guided by divine inspiration and the radiance of the Supreme Ruler—this tradition is known as Spirit Teaching. *Hwandan Gogi* is the only document that describes this ancient convention, the essence of the original culture of Korea and of humanity. Today, unfortunately, the tradition of this ancient practice has almost completely disappeared, as it has been falsely disparaged as "shamanism" or "superstition."

Although the Hongshan culture was discovered within Chinese territory, the Chinese government, historians, and archaeologists were unable to solve the mysteries of this culture. They had no clue how to understand this mysterious civilization, primarily because no Chinese book provided information to understand this culture. In fact, the essential message of the Hongshan culture can only be interpreted when you consult the book *Hwandan Gogi*.

『Shamans, Healers, AND Medicine men 샤번과 치료주술사』
홀게르 칼바이트 Holger Kalweit 지음

Shamans, Healers, and Medicine Men by Holger Kalweit.

홍산문화의 실체는 오직 『환단고기』로만 해석이 가능합니다. 홍산문화는 우주론의 지혜를 전합니다. '모든 인간과 살아있는 생명의 근원은 하늘과 땅이다.'라는 것을 가르쳐주고 있습니다. 다시 말해, 인생의 새로운 첫걸음을 뗄 때, 낡은 과거를 청산하고 밝은 내일의 희망으로 향할 때, '너희들은 언제나 생명의 근원인 천지에 대해서 새로운 마음을 가져야 한다.'라는 것입니다. 또한, '천지 부모와 한마음이 되어야 한다.'라는 것을 각성시켜주고 있는 것입니다.

홍산문화는 우리가 지금까지 생각했던 동서양 4대 문명에 대한 기존 관념을 여지없이 다 무너뜨려 버렸습니다. 홍산문화는 1차적으로는 5천 년 전부터 6천5백 년 전까지 소급해 올라가는데, 광의의 홍산문화의 문화권역으로 볼 때는 5천 년 전에서 9천 년 전의 역사 시간대까지 소급해 올라가고 있습니다. 그래서 홍산문화는 바로 지구촌 온 인류의 뿌리 문화입니다.

결론을 말하자면 인류는 한 뿌리에서 나온 것입니다. 바로 이 뿌리 문화에서 동서로 분화되어 오늘의 지구 문명을 이루었습니다. 홍산문화의 전체 틀에서 우리가 이런 소중한 교훈을 얻을 수가 있습니다.

그다음으로 우리가 역사의 고향인 환국, 배달, 조선에서 볼 때, 중국의 '동이 문화'와 아메리카 대륙의 '인디언 문화', 그리고 '수메르 문명'에 대해서 정리하는 시간을 갖기로 하겠습니다.

The remains found at Hongshan tell us of the wisdom of cosmic connection. They tell us that the source of our lives is heaven and earth. Whenever you make a fresh start, putting past failures behind you, you need to develop a new awareness and understanding about heaven and earth, the parents of all living beings, and to align yourself with their rhythms.

The discovery of the Hongshan culture changed our ideas about ancient culture dramatically. Archaeologists found that the Hongshan culture dates back to between 5,000 and 6,500 years ago or, more broadly, to the period between 5,000 and 9,000 years ago. It was the home of the world's major civilizations. Global cultures today share a common origin. The world as we know it today was shaped as this root culture divided into East and West and then branched into various subcultures.

Next, let's talk about the Dongyi, Native American, and Sumerian cultures in connection with the ancient nations Hwanguk, Baedal, and Joseon.

중국문화의 근원, 동이

중국 사람들이 놀라운 얘기를 오래전부터 하고 있는데요, 중국인들은 동쪽에 사는 사람들을 예로부터 자기들이 부르는 별명으로 동녘 동東 자, 이夷 자를 써서 '동이東夷'라고 했습니다.

이夷 자를 '오랑캐 이夷' 자로 해석하는 사람도 있습니다. 하지만 본래 이 글자는 '큰 대大' 자에다가 '활 궁弓' 자를 씁니다. '동방의 큰 활을 쏘는 사람'이란 뜻입니다.

중국 사람들은 자기들의 문화를 어떻게 정의를 하고 있을까요? 정말로 흥미롭고 놀라운 이야기는 무엇일까요? '중국문화의 근원은 동이다!'라는 것입니다. 대만학자 서량지徐亮之와 북경대 교수 엄문명이 대담을 했는데, 중국문화 역사에 대한 정의를 '중국은 동이 문화다.'라고 했습니다. 중국의 13억 중화 문명이 동이 문화라는 것입니다.

이 말을 간결하게 정리를 해보겠습니다.

중국의 역대 왕조에는 한족 출신의 왕이 없습니다. 중국의 역사책 『이십오사二十五史』의 첫 번째인 사마천의 『사기』를 보면 첫 페이지가 황제헌원에 대한 족보입니다. 황제헌원은 웅족熊族 출신입니다. 정확히 말하면, 동방의 웅족 유웅씨有熊氏의 후손입니다.

황제 헌원 (BCE 2692~ BCE 2593) 황제는 "유웅국 군주의 자손(有熊國君之子)" (『사기색은』)

Huangdi (Yellow Emperor Xuanyuan) (BCE 2692 - BCE 2593). The progenitor of the Han Chinese, who lived approximately 4,700 years ago.

The Dongyi: The Founders of China

Tung-i (*Dongyi*) was a term used by the Chinese when referring to people who lived to the east of China. Some scholars interpret *yi* (夷) as "barbarian," and *dongyi* (東夷) as "barbarians in the east." But actually, the word 夷 (*yi*), consisting of the pictograms 大 "great" and 弓 "bow," means a "great archer." Therefore, the word *dongyi* (東夷) actually means "great archers in the east."

Once, Taiwanese scholar Xu Liangzhi and a professor from Beijing University named Yan Wenming had a conversation, and they arrived at a conclusion: the Dongyi were at the heart of shaping the ancient Chinese states. They were saying the founders of China, a country with 1.3 billion population presently, were Dongyi.

In fact, the majority of dynasties in Chinese history were founded by people who were not Han Chinese. Sima Qian's *Shiji* (*Records of the Grand Historian*, completed around 94 BCE), which has been called a "foundational text in Chinese civilization," begins with Huangdi (2692-2593 BCE), the Yellow Emperor. It presents Huangdi as a descendant of Lord Youxiong (有熊).[2] But Youxiong belonged to the Bear Clan. This means Huangdi was a descendant of the Bear Clan, the people of Eastern Asia.

---

2). "Huangdi was a descendant of Lord Youxiong." (*Shiji Suoyin*, commentaries on *The Records of the Grand Historian*.)

황제헌원 당시 여러 가지 갈등 관계로 인류사 최초의 대전쟁, 역사 전쟁인 소위 탁록대전이 10년 동안 지속되었습니다. 그 후로 요임금, 순임금과 하나라, 상나라, 주나라의 제왕들, 6국을 통일한 진시황도 중국학자들이 '동이지인東夷之人이다.'라고 했습니다. 또 그 이전에, 우리가 조금 전에 살펴봤던 태호복희씨, 염제신농씨, 치우천황 이런 분들이 다 동방의 위대한 성황聖皇들입니다. 한마디로, 중국은 전역이 다 동이입니다. 역대 모든 제왕, 마지막 왕조인 청나라의 황제들까지 전부 다 동이입니다.

그런데 동이가 언제부터 오랑캐가 되었을까요? 중국인들은 언제부터 동이문화를 오랑캐문화로 몰고 파괴하기 시작했을까요? 그것은 바로 **주나라 왕조 때부터**라고 할 수 있습니다. 주나라는 그들의 문화를 근본으로 중국 천하를 통일하기 위해 산동성 위아래에 있는 모든 동이 문화권을 강력하게 공격하고, 무너뜨리고, 오랑캐로 몰기 시작했습니다.

중국 사람들이 자기들의 역사 신원을 얘기할 때, 보통 하은주 3대 왕조의 하夏에서 역사 신원을 가져옵니다. '하夏 자' 앞에다가 빛날 '화華 자'를 붙여서 '**화하華夏**', 또는 '**중화中華**'라 하고, 모두 '제諸 자'를 써서 '**제화諸華**'라고도 했습니다. 그렇게 해서 춘추전국시대로 넘어가게 되는데, 오늘에는 이 호칭을 가지고 **중화문명**, **중화중심주의**를 외치고 있습니다.

그렇다면 실제 **동북아 역사 주도권 전쟁**이라는 것은 무엇일까요? 그 주제가 무엇일까요? 누가 우주 광명문화의 진짜 주인일까요?

중국은 지금 자기들이 광명문화의 중심, 중화라 하고 있고, 또 일본은 자신들이 광명문화의 근본이라 하고 있습니다.

그렇다면 중국 사상의 핵심인 공자는 무엇이라고 했을까요?

The traditional account of ancient China begins by describing the time Huangdi fought a ten-year war against Chiu in Zhuolu. It continues with the sage kings Yao and Shun, and progresses through a sequence of dynasties: the Xia, Shang, and Zhou dynasties. Many prominent scholars of China assert that Huangdi, Yao, Shun and the kings of the Xia, Shang, and Zhou dynasties were Dongyi. In fact, Bokhui (Taihao Fuxi), Sinnong (Flame Emperor Shennong), and Chiu (Emperor Chiyou) were Dongyi as well. Even Qin Shi Huang, the founder of Qin, and Nurhaci, the founder of Qing, the last imperial Dynasty of China, were Dongyi.

In ancient times, Shandong Province of China was a region at the forefront of accommodating the advanced eastern culture. Many archaeological remains prove this historical fact. So when did the Chinese begin to disparage and destroy the Dongyi culture, calling it barbarian? Beginning in the period of the Zhou Dynasty, which aspired to unify all of China, the Chinese began to attack, dismantle, and disparage the cultural spheres of the Dongyi nation located in and around Shandong Province.

The Chinese identify themselves as Huaxia (華夏, literally "the enlightened Xia people"). This is a term that alludes to the Xia Dynasty, the first dynasty in traditional Chinese history, which was succeeded by the Shang and Zhou dynasties. Huaxia arises from *xia* plus the word *hua*, meaning "light." They also call themselves Zhonghua (中華 "the center of light") or Zhuxia (諸夏 "all the people of Xia"). Thus, from the Spring and Autumn and Warring States periods onwards, they began to loudly trumpet their own Chinese civilization using these appellations.

Northeast Asia is at war over cultural hegemony. This is a war where all players claim that they are the true master of the radiant culture of the East. China claims that the Chinese are the center of this enlightened culture—that they are Zhonghua (中華, a Chinese name for

공자의 손자가 저술한 『중용中庸』에서 '중니仲尼는 조술요순祖述堯舜하시고'라고 했습니다. 즉, '우리 할아버지 공자는 과거 요임금과 순임금의 역사와 인륜에 대한 가르침을 근본으로 삼아 저술하였다'라고 기술해놓았습니다.

또 『논어』에 보면 '술이부작述而不作이다'라고 했습니다. 즉, 우리 할아버지는 '동이문화를 정리를 한 것이지 창작을 한 것이 아니다'라고 했습니다. 동방문화를 총정리하고, 동방문화를 전체적으로 정리한 분이지 새로 만든 분이 아니라는 것입니다. 그렇게 정리한 책이 유가의 십삼경十三經[16]입니다.

이제 우리는 중화주의 역사관에 대하여 경계심을 가져야 합니다. 왜냐하면, 지금 중국은 인구도 전 세계에서 가장 많고, 또 경제가 발전하면서, '본래부터 우리는 5천 년 역사 민족이다. 너희 미국을 10년, 20년이면 밟고 올라선다.'라는 역사적인 자부심을 가지고 있습니다.

그런 그들이 지금 우리의 고조선, 북부여, 소위 발해, 즉 『환단고기』에서 말하는 대진국, 고구려 등 모든 역사를 중화문명의 역사로 전부 집어넣고, 그 역사 유적지를 당나라니 옛날 자기들의 역사 유적 양식으로 다 바꿔놓아 버렸습니다. 그리고 중국 정부에서 전 세계의 역사 선생님들을 초청해서 유적지 이곳저곳을 다니면서 잘못된 역사를 교육하고 있습니다. 각국의 역사 선생님들이 그렇게 왜곡, 조작된 자료를 받아 자국으로 돌아가 중국의 대변인 노릇을 하고 있는 것입니다. 그 결과가 지금 나와 있는 동서양 세계역사 교과서의 왜곡 소식입니다.

---

16) 십삼경十三經: 유교에서 가장 중요한 경서經書 13종. 『역경易經(周易)』, 『서경書經(尙書)』, 『시경詩經(毛詩)』, 『주례周禮』, 『예기禮記』, 『의례儀禮』, 『춘추좌씨전春秋左氏傳』, 『춘추공양전春秋公羊傳』, 『춘추곡량전春秋穀梁傳』, 『논어論語』, 『효경孝經』, 『이아爾雅』, 『맹자孟子』의 13종이다.

both the People's Republic of China and the Republic of China). Japan claims that they are the root of this resplendent culture—that they are Nihon (日本, "Sun's Origin," a Japanese name for Japan).

Confucianism, the philosophy of Confucius (551–479 BCE), is considered the most influential philosophy of Chinese culture. But Confucius confessed that he was only a recodifier and retransmitter of the theology and values inherited from the Dongyi kings.

The *Doctrine of the Mean*, or *Zhongyong*, is one of the Four Books of Confucian philosophy, written by Zisi, the only grandson of Confucius. Zisi stated in his book, "Confucius followed the examples of Yao and Shun, the ancient sages." Confucius himself also wrote in *The Analects of Confucius*, another Chinese classic recognized as one of the Four Books, "I am a transmitter, rather than an original thinker. I trust and enjoy the teachings of the ancients."

Today, the Chinese, as their population and economy grow, are trying to promote and impose their ethnocentric view over other parts of the world. Being proud of her so-called 5,000-year long history and culture, China has begun to look down on America, believing that she can overtake the frontrunner in ten to twenty years' time.

The Chinese government has unscrupulously incorporated the history of the Korean nation into their history, including the history of ancient Joseon, Northern Buyeo, Daejinguk (a.k.a. Balhae), and Goguryeo. They've even altered archeological sites that belong to the Korean nation so that they might be seen as Chinese remains. China invites history teachers from across the world to the historical sites and gives them false information. The history teachers then return to their home countries and end up serving as spokespeople for the Chinese government. As a result, the world's history textbooks contain false Northeast Asian history.

인디언 문화에서 만나는 한민족의 문화 코드

인디언 문화를 직접 답사한 많은 사람들이 '인디언 문화를 보면 정말 우리 옛 문화를 보는 것 같다.'라고 합니다. 워싱턴에 있는 스미소니언Smithonian 박물관의 인디언관을 가보면 예전의 우리 시골 마을을 온 듯한 느낌입니다.

여기에는 절구통, 소쿠리, 베틀, 물레, 짚신 등 우리 조상님들이 쓰던 것과 같은 생활 도구가 너무도 많아 마치 우리 시골의 작은 동네를 옮겨 놓은 것 같습니다. 그중에서도 9천 년 전의 짚신이 발굴되어 전시를 해놓았는데, 과학적으로 연대가 측정된 것이라 하니 놀라울 뿐

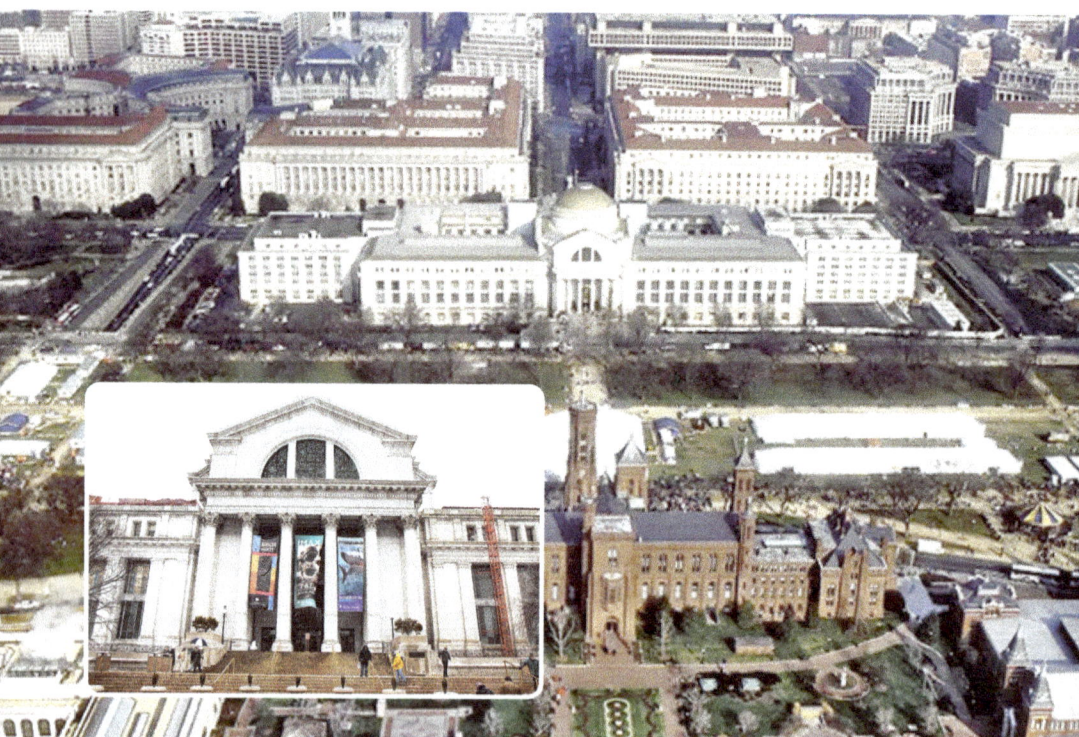

미국 스미소니언 박물관(워싱턴D.C)
Smithsonian Institution Museum in Washington, DC.

Similarities Between Native American and Korean Languages and Cultures

Many people who visit Native American indigenous villages are surprised to notice how similar East Asian and Native American cultures are. If you visit the Native American section in the Smithsonian Museum in Washington, DC, you will see that their communities were quite like the rural villages of South Korea. Native Americans used stone mortars to grind crops and wore handwoven straw sandals, like Koreans.

There is DNA evidence to support that people moved from Siberia to Alaska across the Bering Strait thousands of years ago. There is also

박물관에 전시된 인디언 생활도구

Universal Elements of Ancient Cultures; The Three Ancient Dynasties of Korea

입니다. 그 문화의 주인공인 인디언들이 베링 해협을 타고서 3만 년 전, 1만 5천 년 전, 또는 5천여 년 전에 이 아메리카 대륙에 왔다는 것입니다. 인디언 문화 중에, 특히 언어에서 그들이 우리와 한 형제이고 같은 핏줄이라는 것을 알 수 있습니다.

제일 재미있게 들은 이야기가 있습니다. 영국 사람들이 아메리카에 들어올 때 인디언들한테 이것저것 물었다고 해요. 한번은 옥수수를 가리키며, "이것이 무엇인가?"라고 물으니 "콘Corn이다."라고 했다는 것입니다. 옥수수 튀긴 것을 '팝콘'이라고 하잖아요. 콘이라는 말이 원래 콩에서 왔다는 것입니다. 재미있죠? 콩에서 콘이 왔다는 것입니다.

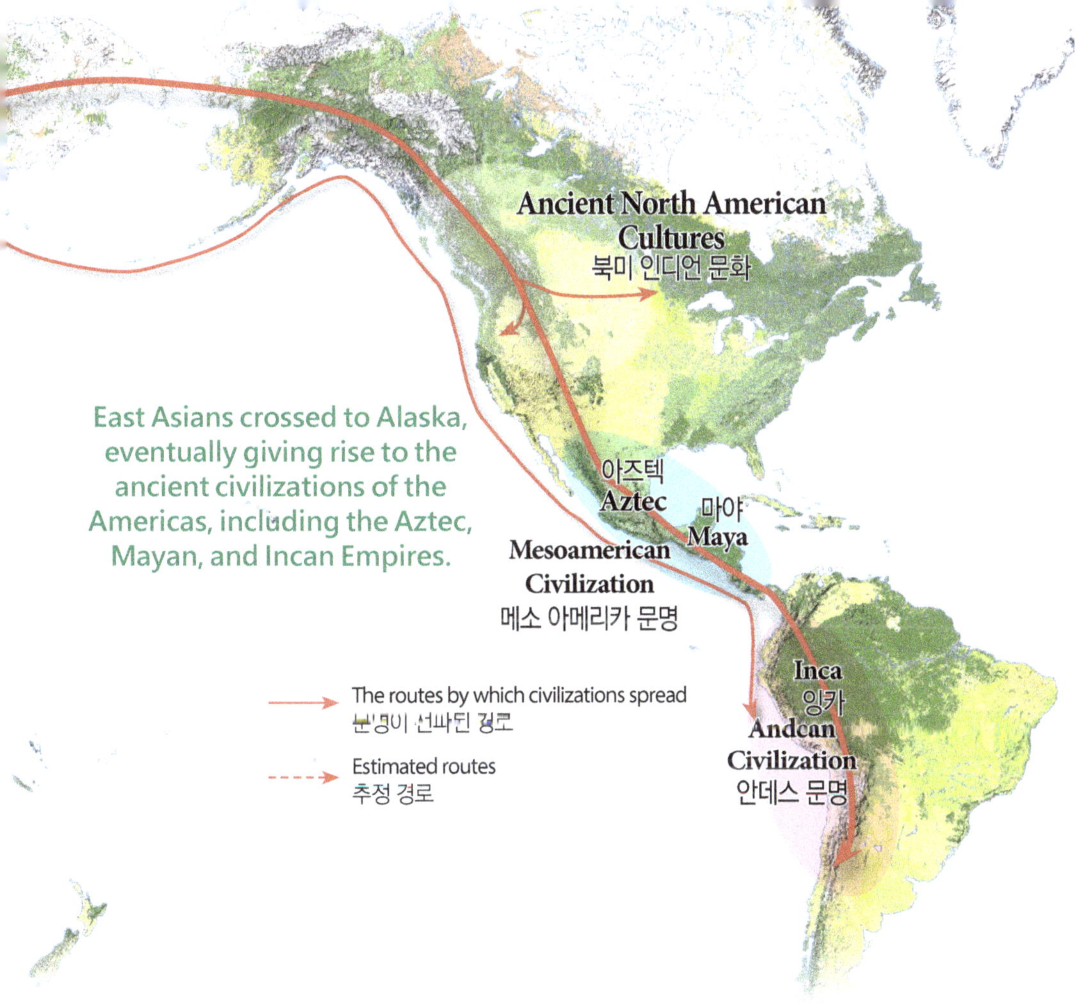

Ancient North American Cultures
북미 인디언 문화

East Asians crossed to Alaska, eventually giving rise to the ancient civilizations of the Americas, including the Aztec, Mayan, and Incan Empires.

아즈텍
Aztec
마야
Maya
Mesoamerican Civilization
메소 아메리카 문명

→ The routes by which civilizations spread
문명이 선파된 경로

--→ Estimated routes
추정 경로

Inca
잉카
Andean Civilization
안데스 문명

plenty of linguistic and cultural evidence suggesting Native Americans and Koreans share a common ancestry.

I'd like to tell you a very interesting story. When British colonists came to America, they asked Native Americans what corn was called. They learned the name for corn from Native Americans. *Corn* is very similar to *kong*, the Korean equivalent of *corn*.

The word *corn* may have come from the Korean word *kong* (meaning "beans" or "ears of corn").

Universal Elements of Ancient Cultures; The Three Ancient Dynasties of Korea

또 LA에 있는 인디언한테서 들은 이야기입니다. 케추아Quechua족 언어라는데요, 술을 잔뜩 마시고, 이튿날 머리가 아프다고 하니까 뭐라고 하냐면 "추카치? 추카치?"라고 한답니다. 즉, '너 골 아파 죽겠지?' 이런 얘기입니다. 정확히는 '숙취hangover'라는 뜻입니다. 즉, "너 지금 숙취가 있지? 뒷골 아프지? 죽겠지?"라는 뜻인데요. 그게 바로 인디언 말로 '추카치'입니다. 바로 우리말 아닙니까?

그리고 점쟁이를 뭐라고 하는가 하면 '다마틴이'라고 합니다. 세계 언어학자들이 다 모여서 들어도 그 뜻을 알 수가 없는 것입니다. 그런데 한국 사람들은 들으면 웃습니다. '다마틴이'는 바로 '다 맞힌다'라는 말이니까요. 그리고 '화가'를 '다기려'라고 했습니다. '다 그려'. 우리말과 똑같잖습니까? 그것뿐만이 아니라 지게꾼을 '다 메메'라고 했는데, '다 멘다'라는 말입니다. '다' 자를 그렇게 붙인다고 합니다.

인디언들은 동방의 한민족과 마찬가지로 어릴 때 엉덩이에 푸른 반점이 있습니다. 소위 몽골반점입니다. 또 인디언 남자들은 결혼을 하면 상투를 틀고, 여인들은 시집갈 때 연지를 찍고 쪽머리를 올렸다고 합니다. 그리고 아기를 낳으면 포대기에 싸서 업고 다녔고, 구들에서 살았습니다.

I've also heard, from a Native American, about a Quechuas word for "hangover." The word is *chukachi*, which is very similar in pronunciation to a Korean expression meaning, "You are suffering to death (from a severe hangover)."

The word for fortune teller is *tamatini* in one of the indigenous languages of the Americas. Even if all the world's leading linguists gathered and brainstormed, they could not figure out what this word means! But Korean people know it. *Tamatini* is very similar to a Korean phrase meaning, "predicting everything correctly." One of their words for painter is *tacuilo*. *Ta* sounds very similar to a Korean word for "everything," and *cuilo* sounds similar to a word for "draw." So their word for painter is very similar to the Korean phrase "to draw everything." A burden carrier is called a *du maemae*; and *maemae*, as you know, means "to carry" in Korean.

Many Asian and Native American infants are born with a dark bruise-like pigmentation, usually above the buttocks, known as the Mongolian spot. The indigenous peoples of the Americas tied topknots on their heads; their women put rouge on their cheeks, wore hair buns upon getting married, and carried children on their backs; and they lived in structures with floor heating, as Koreans traditionally did.

상투

Blackfoot men style their hair in a topknot.

In this image captured from *Kingdom*, Netflix's first original Korean series, the Korean man has his hair put up in a topknot (*sangtu*).

연지

Sioux ladies rouge their cheeks.

Korean ladies depicted in a Goguryeo tomb mural.

쪽진머리

Illustrations of indigenous women of the Americas wearing a bun.

Traditional Korean hairdo for married women.

아이 업은 모습

Native American mothers carry their babies tied on their back the same way Korean mothers do.

Korean mothers traditionally used a square cloth to carry a baby on their backs.

Universal Elements of Ancient Cultures; The Three Ancient Dynasties of Korea

스페인어로 껌을 '치끌레'라고 합니다. 그런데 이 말이 어디서 왔는가 하면, 이걸 씹으면 입안에 있는 찌꺼기가 다 빠지기 때문에 이 사람들이 껌을 치끌레라고 했던 것입니다. 치끌레, 찌꺼기를 전부 다 끌어낸다는 말입니다. 이것도 인디언 말이지만 한국인이라면 누구든 언어 정서로 다 알 수가 있습니다. 지구에는 어떤 문화의 고향을 가르쳐주는 모체 언어가 있다는 것입니다.

중남미 멕시코의 수도 멕시코시티에 있는 인류학 박물관을 보면 아주 놀라운 모습을 보게 됩니다.

이곳 인디언들이 머리를 편두偏頭를 한 것입니다. 머리 윗부분을 어릴 때 나무상자에다가 집어넣어서 누른다는 것입니다. 우리나라 경주와 가야에서도 우리 조상들이 이렇게 편두를 했습니다.

멕시코 국립인류학 박물관(멕시코시티)
National Museum of Anthropology (MNA) in Mexico City.

The word *chicle*, used in the Americas and Spain to refer to chewing gum, comes from the Mesoamerican word *tziktli*. *Tziktli* sounds very similar to a Korean expression meaning "(chewing gum helps to) remove residue from the mouth."

There must have been a universal language spoken and understood by people in different parts of the world, both East and West.

If you visit the Museo Nacional de Antropología (In English: National Museum of Anthropology) in Mexico City, you will be astonished. The MNA exhibits skeletal remains of Mesoamerican Indians with artificially deformed skulls. This practice of artificial cranial deformation also existed in the Gaya Kingdom, which neighbored Gyeongju in Korea.

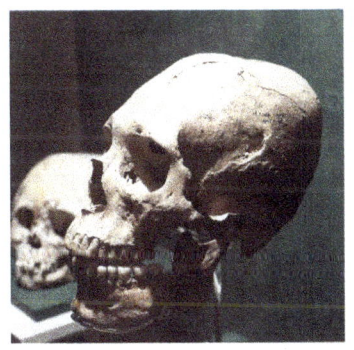

멕시코 박물관에 소장된 편두 유골

Deformed human skulls from the National Museum of Anthropology.

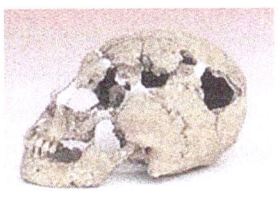

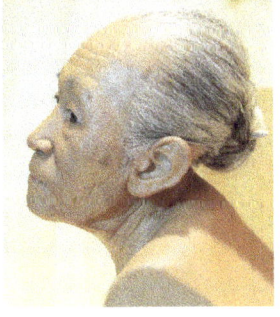

가야의 편두유골과 그 복원 모습(김해 예안리 출토)

A deformed skull excavated in Gimhae in Korea and its 3D facial reconstruction.

그리고 파칼왕의 유적을 보면 대부분의 한국인들이 "와, 엄청나다." 하고 놀랍니다. 그 아래 계단으로 내려가면 파칼왕이 얼굴에 쓴 것을 전시하고 있는데, 홍산문화의 옥玉문화를 그대로 보여주고 있습니다. 옥으로 된 가면을 쓰고 있는 것입니다. 그리고 손가락마다 아주 큰 옥반지를 끼고 있습니다.

홍산문화를 들어가 보면 전부 옥문화입니다. 왼쪽은 우하량에서 나온 것인데 당시 군장君長의 유물을 보면 전부 옥입니다. 머리 위에 상투를 틀었는데, 상투를 틀고 그것을 고정시키는 옥고玉箍가 머리맡에 있습니다. 그것을 알면 바로 제5의 문명, 창세 문명의 실체를 다 아는 것입니다.

7세기 마야의 파칼왕은 옥으로 몸을 도배했습니다. 그런데 이 양반의 석관을 보면 여기에 더 놀라운 동방문화의 원형이 새겨져 있습니다.

석관의 제일 위에 '천상의 새celestial bird', 봉황새가 있습니다. 그 아래에는 '천상의 용sky dragon', 머리가 둘인 용이 있습니다. 그리고 그 아래에는 도깨비 같은 형상이 있습니다. 이것이 바로 동북아의 인류 창세 원형문화의 코드입니다.

More breathtaking archaeological remains are found in the tomb of Pakal the Great, a king of the Mayan city-state of Palenque. Visitors descend stairs and find inside the sarcophagus rests Pakal's skeleton wearing a jade mask. His fingers are adorned with jade rings.

The Hongshan civilization was known for its abundant use of jade. For example, in the case of the Niuheliang site, costumes unearthed featured jade decorations all over, such as jade binders on the heads. The people in this community would affix their topknots with jade binders. These jade artifacts hold a key to unlocking the secret of the original civilization of the dawn of mankind.

The body of Pakal was adorned with jade jewellery and surrounded by jade ornaments. But what is more astonishing is the iconography inscribed on his sarcophagus lid. Pakal's sarcophagus lid is made of a rectangular stone with carvings of a bird high at the top. Below, there is a sky dragon with two heads. Below that is engraved a figure resembling a *dokkaebi*, a legendary creature from Korean mythology and folklore. These are very important elements of foundational Northeast Asian culture.

The tomb of Pakal the Great (603-683), a king of the Mayan city-state of Palenque.

우리 한국의 강단사학자들이 우리 문화의 근원을 해석할 수 있는 우주론에 대한 이해가 짧아서 원형문화의 핵심 코드인 천지 음양사상과 그 상징물을 제대로 읽지 못합니다. 때문에 지금 '홍산문화가 우리 문화다. 바로 고조선 이전의 배달문명이다. 그 이전의 환국문화다!'라고 당당히 외치지 못하고 있는 것입니다.

마야 파칼 왕(7세기)
Pakal the Great (7th century).

동방의 옥문화가 마야문명에서도 고스란히 나타난다.

The tomb of Pakal the Great demonstrates a feature of the Hongshan culture, which is known for its abundant use of jade.

➡ **옥으로 치장한 홍산문화 군장.** 머리에는 상투에 덧씌웠을 옥고玉箍가 놓여 있다.

➡ The jade binder was probably used for affixing the monarch's topknot.

우하량 제2지점 21호 무덤(5,500년 전)
A tomb at Niuheliang (3500 BCE).

Colonial-biased scholars of Korean history, who don't have proper knowledge about Eastern cosmology and philosophy, fail to properly interpret the significance and meaning of these universal symbols and themes (yin-yang, heaven-earth, etc.) found in ancient cultures throughout the globe. As a result, they are hesitant to assert that the Hongshan culture is the very culture of the ancient Korean people—the culture of Hwanguk and Baedal, which preceded ancient Joseon.

마야인들도 용봉문화를 가지고 있었다.

A celestial bird, a dragon, and a *dokkaebi* are carved on Pakal's sarcophagus lid. The ancient Mayans regarded dragons, celestial birds, and *dokkaebi* as holy creatures.

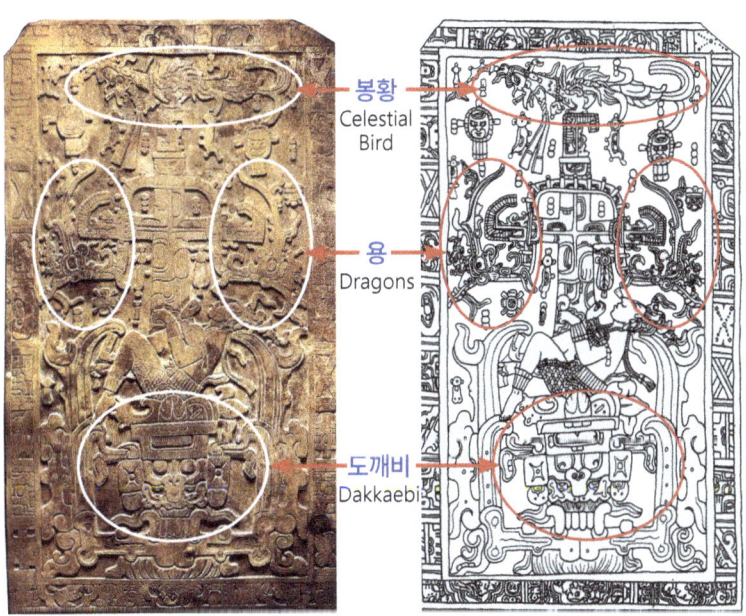

7세기 마야 파칼왕의 석관 덮개에 있는 봉황 문양과 용 문양

The Lid from Pakal's Tomb at Palenque.

수메르 문명

자, 그러면 이제 서양문명의 근원인 **수메르 문명**을 살펴보면서 오늘 말씀을 크게 한번 정리해 보겠습니다.

일본은 자국의 문화 조국인 백제가 망하고 나서 자신의 역사를 조작하기 위해 친정집 백제와의 관계를 청산하고, 712년에 첫 번째 역사책인 『고사기古事記』를 만들고, 8년 뒤인 720년에 『일본서기』라는 역사책을 만들게 됩니다. 여기에서 일관되게 주장하는 것은, 일본이 한반도의 문화 조국과는 전혀 관계없이 일본 열도에서 독자적으로 만들어져 '만세일통萬世一統'으로 역사가 한 번도 끊어지지 않고 내려왔다는 것입니다.

그런데 그 내용의 첫 출발점을 살펴보면, "우리 문화의 시작은 바로 삼신三神이다. 신교神敎다." 이런 얘기를 하고 있습니다. 이것은 바로 『환단고기』의 역사 주제이면서 동시에 홍산문화의 역사 주제입니다. 그런데 그들이 그것을 얘기하고 있습니다.

일본이 자국의 역사문화 조국의 뿌리를 제거했듯이 이스라엘 민족도 똑같이 기독교, 유대교, 이슬람 문명의 근원, 즉 자기네 역사의 근원을 다 잘라내 버렸습니다. 그 근원이 바로 **수메르 문명**의 **역사**입니다.

기독교를 신앙하는 분들은 평생을 살면서 수메르에 대해서 한두 번은 다 들어보았을 것입니다.

「구약」의 창세기 모세 5경을 보면, 그 역사의 핵심이 무엇입니까? 결론은, '아브라함의 무리가 동방 환국에서 왔다'는 것을 고백하고 있다는 것입니다.

Sumer: The Cradle of Western Civilization

Now, we shall move on to Sumer, the cradle of Western civilization. I'm sure the reader will have heard about Sumer, especially if one is familiar with the Old Testament or if one is a Christian or a Catholic.

But before that, let's briefly talk about Japan. The Japanese compiled their first historical literature, the *Kojiki* in 712 CE and the *Nihon Shoki* in 720 CE, to sever all connections with the fallen Baekje nation (18 BCE–660 CE), the homeland of Japanese culture. They insisted that Japanese history began independently on their islands and lasted for 10,000 generations without any period of discontinuity. Interestingly, however, these books said from the outset that Japanese culture began from Samsin ("Triune Spirit") and Spirit Teaching, which is indeed the essence of *Hwandan Gogi* and the Hongshan culture.

Just as the Japanese have denied their own roots, the Jews have also lost their connection to their point of origin. In fact, the message of the Torah, the five books that describe the origin of the Jewish people, is that Abraham and his households migrated westward from the east.

Sumer is the earliest known civilization in the region of southern Mesopotamia.

흔히 아브라함의 시대를 거창하게 얘기하지만, 약 4,100년 전의 역사를 보면 그때는 국가가 아니라 부족사회입니다. 자기 친족들 몇 명과 함께 보따리 싸들고 떠돌아다니던 작은 집단이었습니다.

그런 그들이 어디서 왔는가 하면, 아브라함은 본래 지금의 이라크 남부 땅 갈데아 우르에서 아버지 데라를 따라서 저 북쪽 하란으로 이민을 갔다가 거기서 다시 보따리를 싸들고 지금의 가나안, 이스라엘 땅으로 들어갑니다.

그 **역사를 아무리 봐도 4,000년, 많아야 4,100년을 넘을 수가 없습니다.** 그리고 이민족의 침략을 받다 보니 도저히 살 수가 없어서 마지막 사사士師인 사무엘이 하늘에 절규를 합니다.

"하나님이시여, 우리에게 왕을 세워주소서." 그래서 사울이 첫 번째 왕이 되고, 2대가 그 유명한 다윗이고, 3대가 솔로몬입니다. 그러나 솔로몬은 성전을 너무 호사스럽게 지어 결국 하나님의 심판을 받고 맙니다. 그리고 나라가 망하면서 둘로 나눠집니다.

그 사울의 역사가 3천 년 전의 역사입니다. 그렇게 몇백 년 지속되다가 로마의 속국이 되고, 결국 2천 년 전에는 이스라엘이라는 나라가 해체되어 버립니다. 그 후 그들은 2천 년을 떠돌아다녔습니다.

Approximately 4,000 years ago, the Israelites did not yet have their nation. Abraham, with his father Terah and their households, left Ur of the Chaldees, stopped in the city of Haran along the way, and finally traveled to the land of Canaan.

Around 3,000 years ago, the Israelites were suffering from an ongoing, unsettling fear of attacks by invaders. Their fear grew and grew to a boiling point and eventually erupted as a clamor: "Give us a king!" Finally, Saul was anointed by the prophet Samuel, and this was the beginning of the first Israelite monarchy. Saul's reign was succeeded by David, and then by David's son Solomon, who spent extravagantly on constructing his palace. Following the death of Solomon, the kingdom split in two.

Several hundred years later, Judea came under Roman rule. Around 2,000 years ago, Jerusalem fell and the Jewish communities were totally destroyed. Hence, the Israelites dispersed from their ancestral homeland (the Land of Israel) to other parts of the globe. This means the Israelite monarchy spanned less than 1,000 years.

아브라함은 수메르의 우르(지금의 이라크 남부)에서 가나안(지금의 팔레스타인 지역)으로 이주하였다.

Abraham and his household moved from Sumer to Canaan (Palestine).

그러면 실제로 이스라엘이라는 국가는 천년이 안 되는 것입니다. 그들 역사의 시작이라는 것이 우리 한민족의 역사로 보면 단군조선의 중기 정도입니다. 중국 역사의 하상주에서 주나라 역사가 시작하던 그 무렵입니다.

우리가 유대역사, 이스라엘의 민족사를 위대하게 말하는 것은 그들이 역사를 보존하고, 그들의 신앙의 혼을 불굴의 의지에 담아서 자손들에게 전해줬기 때문입니다.

다시 돌아가서, 과연 **이스라엘 민족은 어디서 왔을까요? 결론은 수메르입니다.** 오늘날의 이라크 남부에서 왔습니다. 노아의 홍수, 에덴의 이야기가 전부 지금의 중동 이라크 남부, 즉 **티그리스강과 유프라테스강 유역**을 중심으로 하고 있습니다.

그러면 수메르 사람들은 누구일까요? 지금으로부터 약 6천 년 전에 왔다고 하는데, 과연 어디서 왔을까요? 수메르 문명은 어떻게 생겨난 것일까요? 이점이 서양의 지성인들, 역사가들 또한 정말로 알고 싶어 하는 부분입니다.

왜냐하면, 이집트 피라미드 문화의 근원도 바로 수메르이며, 인도의 원주민 문화를 밀어내고 지금으로부터 약 3천 년 전에, 지금의 힌두교 베다문화를 가져온 '고귀한 사람들'이라 불리는 아리안족도 수메르에서 왔으며, 2,500년 전의 그리스 문화도 그 근원이 수메르이기 때문입니다.

그런 의미에서 **수메르 문명이야말로 진정한 서양문명의 근원**이라 할 수 있습니다.

The foundation of the first Israelite nation coincided with the middle era of ancient Joseon and the reign of King Wu of Zhou. However brief the existence of their nation, the greatness of the Jewish people endured via their indomitable will in maintaining their own religion and culture for their descendants.

The homeland of the ancient Israelites was Sumer, in present-day southern Iraq. Archaeological researchers confirm the biblical Garden of Eden was somewhere in the Middle Eastern area known today as the Tigris-Euphrates River Valley. They also suggest that the legend of Noah's flood may have had its origin in actual flooding by the Tigris and Euphrates rivers.

Sumer was a civilization formed around 6,000 years ago. It is often referred to as the cradle of Western civilization. Ziggurats built by the ancient Sumerians for religious rituals became a model for Egyptian pyramids.

The ancient Sumerians are also thought of as ancestors of the Aryans, or "noble people," who migrated into the Indus Valley, originating the Vedic age about 3,000 years ago. Sumer also considerably influenced the cultures of Greece 2,500 years ago. But who were the Sumerians?

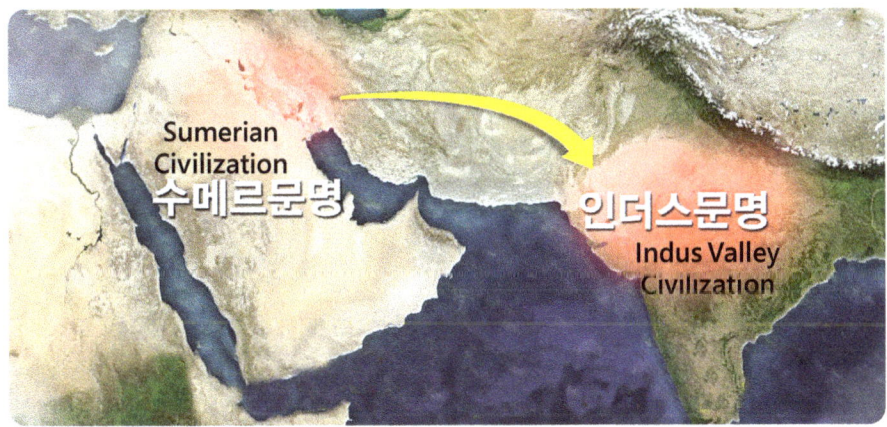

인도 원주민 문화를 밀어내고 약 3천 년 전에 힌두교 베다문화를 가져 온 아리인Aryan(고귀한 사람들), 그들은 수메르 문명에서 왔다.

The Aryans came from Sumer.

그렇다면 과연 수메르인들은 어디서 왔을까요? 19세기 전후로부터 수메르 문명 지역에서 쐐기문자, 점토판이 무수히 발굴되었습니다. 그것을 일부는 미국대학에서, 또는 영국에서, 불란서 루브르 박물관에서 가져다가 보존하고 연구했습니다. 거기서 나온 최종 결론이 무엇일까요? 그들 자신의 고백에 의하면, '우리는 동방의 천산, 안산을 넘어왔다'라고 합니다. 수메르 말로 '안An'은 하늘이므로, 즉 하늘 산을 넘어서 왔다는 것입니다.

사무엘 크레이머 박사가 쓴 『역사는 수메르에서 시작되었다History begins at Sumer』라는 책을 이곳 뉴욕도서관에서 빌려 읽어보았습니다. 이 책을 보면, 각 챕터가 '세계 최초의 ○○'로 되어 있습니다. '세계 최초의 학교', '세계 최초의 타락 사건', '세계 최초의 의회제도' 등등, 이런 식으로 '세계 최초'라는 타이틀로 구성되어 있습니다. 그리고 그들은 60진법을 썼으며, '세계 최초의 학교'를 열고, 당시 '세계 최초의 사전'을 만들었습니다. 또 중요한 것은 학교 선생님을 '아버지'라고 불렀다는 것입니다.

Ancient Sumerian cuneiform tablets.

A huge number of Sumerian cuneiform tablets have been excavated in modern times and are being translated and studied in museums and colleges around the globe. Some of their inscriptions give clues to the identity of the first permanent settlers: they migrated to Sumer by crossing Heavenly Mountain. It is probable that the Heavenly Mountain is Tian Shan (literally, "Heavenly Mountain"), a mountain range located in Central Asia.

In his book *History Begins at Sumer*, Samuel Noah Kramer listed thirty-nine "firsts" in human civilization that originated in Sumer, such as the first schools, the first bicameral congress, the first legal precedent, and the first literary debates. In addition, ancient Sumerians used a numeral system with sixty as its base. The sexagesimal system is still in use for measuring time and angles. And, most importantly, they called their teachers "father."

『역사는 수메르에서 시작되었다』 / 사무엘 크레이머 지음.

The book *History Begins at Sumer: Thirty-Nine Firsts in Recorded History* by Samuel Noah Kramer.

『사과 닦기Apple Polishing』라는, 수메르 소년의 수필이 있는데, 그 내용을 보면 이렇습니다.

"오늘 우리 담임 선생님이 집에 오셨다. 아버지가 선생님의 비위를 맞추려고 옷을 한 벌 해주셨다." 뇌물을 썼다는 것입니다. 그런데 학교 선생님을 '스쿨 파더school father'라고 부르고, 선생님은 학생을 '스쿨 선school son'이라고 부르고 있습니다. 즉, **군사부君師父 문화의 원형**을 가지고 있는 것입니다.

그리고 그들은 '안키Anki', 하늘과 땅의 천지天地 사상이 있습니다. '왕권은 천상에서 내려온 것이다.' 이런 **천자天子** 사상이 있습니다.

이 모든 것을 총체적으로 상징하는 4,300년 전 우리 동방 옛 조선의 초대 단군왕검 때 수메르 문명을 대통일한 아카드Akkad 왕조의 **사르곤Sargon** 왕이 있습니다. 그 사르곤 왕을 한번 보겠습니다. 어떤 모습을 하고 있나요?

이분이 정말로 알 수 없는 신성한 나무 앞에 서 있는데, 그 나무의 줄기가 세 줄기로 되어있습니다. 그리고 줄기에 아주 작은 세 개의 열매가 매달려 있습니다. 전부 **3수**로 되어 있습니다.

그리고 사르곤 대왕이 왼손에 열매를 들고 있는데, 그 열매의 개수도 셋입니다.

A Sumerian tablet titled "School Days" details a day in the life of a school boy. The boy asks his parents to invite the headmaster to their house, and they provide the headmaster with wine, food, and gifts. Interestingly, the boy calls the head of the school "school father," while the teacher calls the boy "school son." This reminds us of the Eastern belief that king, teacher, and father are "one body" that people must respect and obey.

Sumerians used the word *anki* to refer to the universe. In the Sumerian language, *an* means "heaven" and *ki* means "earth." Sumerian literary documents repeatedly refer to the bygone days when "the kingship descended from heaven."[3]

Sargon I ruled a kingdom centered on the city of Akkad in Mesopotamia around 4,300 years ago, contemporaneous with the reign of the first Dangun of ancient Joseon. There is a stone relief of Sargon I that depicts him standing before a sacred tree with a trunk made of three strands. All the sacred tree's fruit are tripartite. Sargon holds in his left hand a three-forked branch bearing three fruit.

4,300년 전 수메르 전역을 통일한 사르곤 대왕

Sargon I (2334-2279 BCE), the Founder of the Akkadian Semitic Dynasty.

Sargon I is depicted standing before a sacred tree with a trunk of three strands and tripartite fruit, holding a three-forked branch bearing three fruit. He wears a topknot on his head.

---

3) "After the kingship descended from heaven, the kingship was in Eridu." (*Sumerian King List*.)

동방의 3수 문화, 3수 신성문화, 모든 동서양의 영성, 종교문화의 원형인 신교 삼신문화의 3수를 강조하고 있는 것입니다.

　더욱 놀라운 것은 바로 **사르곤 대왕의 머리**에 있습니다. 사르곤 대왕의 머리 꼭대기를 보면 **상투**를 틀고 있습니다. 머리 위에다 동곳을 박고 머리카락을 틀어 올리는 이 상투를 지금 사람들은 옛날 우리 할아버지 때 봉건시대의 잔재로 알고 있는데, 사실 이것이 인류의 헤어스타일의 원형입니다. 여기에 인류 창세문화의 역사 비밀이 모두 들어 있습니다. 시원문화 시대의 인류가 추구했던 삶의 유일한 목적이 바로 이 상투문화에 깃들어 있습니다. 그렇건만 오늘의 한국인들은 상투문화의 참뜻이 무엇인지 전혀 모르고, 전문가들조차도 정확히 모르고 있습니다.

　여기 사진을 보세요. 불교를 창시한 석가모니 부처님도 상투를 틀고 있습니다.

상투를 한 석가모니
Images of Shakyamuni Wearing a Topknot in Buddhist Artworks

The number three is at the heart of Eastern and Western spiritual and religious traditions, which came from the tradition of Spirit Teaching. In this tradition, which existed from the very beginning of civilization, the Supreme Ruler (God) was known by the name Samsin ("Triune Spirit").

There is something even more surprising to see if you examine Sargon's hair. He is wearing a bun tied at the top of the head. This is the same hairstyle Shakyamuni wore, as shown in numerous Buddhist artworks. For modern-day Koreans, this style of hair is deemed old-fashioned, for it was worn only by old men before modernization, who used to comb their hair into a twist and hold it up with a pin, making it into a topknot (*sangtu*).

A topknot, however, is a hairstyle full of philosophical significance. In fact, knobbed hair demonstrates the true purpose of life people have sought since primordial times. To my regret, modern-day Koreans, whether they the general public or academic experts, are completely ignorant of the significance of this tradition.

Reliefs of Assyrian kings Tiglath-Pileser III and Ashurbanipal, wearing the topknot hairstyle.

Universal Elements of Ancient Cultures; The Three Ancient Dynasties of Korea

그러면 상투란 무엇일까요? 상투의 '상上'은 '윗 상 자'이며 '두斗'는 '북두칠성Big Dippers, Seven Stars'을 뜻하는 '두성斗星'입니다. **태고의 동서 인류 시원문화 시대에는 인간 삶의 유일한 목적이, 나의 육체를 받은 북녘 하늘의 별, 대우주를 다스리시는 참하나님이 계신 북두칠성과, 내 마음과 영혼과 몸이 하나 되게 주파수를 맞추는 데 있었습니다. 그런 의미에서 상투를 튼 것입니다.** 석가부처도, 중동의 모든 제왕들도 그렇게 했습니다.

정리해 보면, 동방의 문화가 천산을 타고 넘어가서 수메르 문명으로 활짝 꽃이 피고, 이것이 아브라함을 통해 이스라엘로 넘어가서 지금의 유대문화가 나온 것입니다.

「구약」에 보면 가장 강력한 **동방문화의 원형**이 나옵니다. 아브라함과 이삭과 야곱에게 유대민족의 하나님이 항상 외치는 게 있습니다. "나는 아브라함의 하나님이요, 이삭의 하나님이요, 야곱의 하나님이다." 너무도 반복적으로 나오고 있습니다. 그럼, 왜 이것이 중요할까요?

그것은 아브라함과 이삭, 야곱의 아내들이 아기를 못 낳는 여자, 즉 '석녀'인데, 신기하게도 항상 **삼신을 받아서 아이를 낳습니다**. 아브라함이 어느 날 낮에 텐트에 기대어 졸고 있는데, 그때 삼신이 옵니다. 남자 셋이 대낮에 옵니다. 그래서 고기를 내오고, 성찬을 차려서 대접합니다. 그것이 **삼신을 받는 예식**입니다.

The Korean name of this ancient hairstyle is *sangtu*. The word *sangtu* is derived from the word *sangdu* (上斗), meaning "The Big Dipper in the sky." The ancients wore topknots as a perpetual reminder of northern sky's Seven Stars, the abode of the Supreme Ruler and the home of all living beings. For the ancients, life's sole purpose was to align their mind, body, and soul with the Supreme Ruler.

In sum, Sumer was a civilization first permanently settled by people who migrated from the regions east of Tian Shan. This civilization spread westward as Abraham left his birthplace, a Sumerian city in Mesopotamia, and moved to Canaan, becoming the founding father of Judaism.

In the Old Testament, the Lord God is repeatedly referred to as the God of Abraham, Isaac, and Jacob. Why? Because it was believed God blessed the barren wives of the three patriarchs, so that each of them would have a son.

Interestingly, Sara, the wife of Abraham, became pregnant after they were visited by three men. Abraham was sitting at the entrance to his tent in the heat of the day. He looked up and saw three men standing nearby. He immediately served them a sumptuous feast of bread, veal, curds, and milk. This exactly echoes the Eastern ritual of honoring a *samsin* ("triune spirit"), a spirit that confers descendants.

Abraham served a feast to the three men and begot a son, Isaac. (Genesis 18:1-16)

하버드대학교의 구약의 대가 쿠겔 교수가 얼마 전에 쓴 아주 멋진 책이 있습니다. 『옛적의 하나님The God of Old』이라는 책인데요, 여기에 보면 옛날 유대족은 조상에게 제사를 지냈다는 것입니다. 무덤을 파보면 그 증거가 나옵니다. 책에 보면, 유대인들은 무덤에 구멍을 뚫고 "돌아가신 나의 어머니 아버지도 오늘 이 밥을 나와 함께 먹어야 되리라" 하며 음식을 넣어주었다고 합니다.

그리고 그들의 **천사장**天使長은 우리 동방문화에서 칼을 들고 있는 **신장**神將과 같은 개념인데, 이 문화의 원형이 우리 동방에서 나간 것입니다.

그렇게 해서 아브라함은 약속의 아들 이삭을 받게 되고 이삭은 야곱을 낳습니다. 이 야곱이 얍복강[17]에서 본래 이스라엘 원주민이 믿던 '엘신'이라는 하나님과 영적 씨름을 하여 이겨버립니다. 그래서 '엘신을 이긴 자', 즉 '이스라엘', 이것이 나라 이름이 된 것입니다.

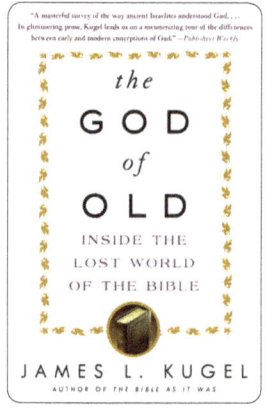

『The God of Old 옛적의 하나님』구약의 대가 제임스 쿠겔 James Kugel 지음(하버드대학교 구약학 교수 역임)

The God of Old: Inside the Lost World of the Bible, by James L. Kugel.

---

17) 얍복강Jabbok River : '얍보크'는 '흐르다', '푸르다'는 뜻이다. 얍복강은 구약의 대표적 인물인 야곱의 생애에서 결정적 사건의 장소이며, 이스라엘이라는 이름의 기원이 되는 장소이다.

According to the book *The God of Old*, written by James L. Kugel of Harvard University, an expert on the Hebrew Bible, pre-biblical Jews performed rituals whereby the family supplied their departed relatives with food and drink. The book says: "Closer to biblical Israel, at the site of ancient Ugarit, archaeologists have unearthed actual tubes that were designed to conduct liquid to the dead person's remains…."

Also, the archangels in Jewish tradition seem very similar to the heavenly generals in Eastern culture.

Abraham was the father of Isaac, and Isaac was the father of Jacob. Jacob was the one known to have wrestled with El, one of many ancient Near Eastern deities, on the banks of the Jabbok River. In the end, Jacob won and was given the name *Israel* (*Yisra'el*), meaning "one who struggled with El" or "one who prevailed against El," whence came the state name Israel.

In the Cave of the Patriarchs, located in the Hebron Hills, are buried the three Patriarchs: Abraham, Isaac, and Jacob.

이스라엘 역사에서 3대 가족사를 보면, 지금 헤브론 동굴에는 할아버지와 아들과 손자, 아브라함과 이삭과 야곱을 한 곳에 모시고 있습니다. 3수 신앙이 이처럼 위대하고 절대적인 것인데, 그 원 고향인 우리 한민족은 역사 뿌리를 다 잃어버려서 3수 신앙이 다 부서져 버렸습니다. 오히려 중동의 이스라엘 유대민족이 이 동방의 3수, 삼신문화의 원형을 가장 강력하게 보존하고 있습니다.

동서 문화를 보편사의 시각에서 볼 때 이렇게 3수 문화가 있습니다. 영국의 유명한 지성인 화이트헤드는 미국에 와서 하버드대학에서 철학 교수로 생을 마감했습니다. 그분의 저서 중 『과학과 근대세계 Science and the Modern World』(1925년)에 이런 내용이 있습니다.

"서양문명은 피타고라스로부터 끊임없는 영감을 받아왔다." 즉, 인류의 근대문명이라는 것은 고대 그리스의 수학자이자 철학자인 피타고라스로부터 끊임없는 영감을 받아왔다는 것입니다.

'도대체 피타고라스, 그는 누구일까?' 그것이 궁금해서, 지난 2002년 초에 그의 고향을 찾아간 적이 있습니다. 피타고라스의 고향은 에게해 동쪽의 터키에 인접한 사모스라는 조그마한 섬입니다. 섬 남쪽에 있는 피타고라스의 고향 피타고리온 항구의 해변에 삼각형 모양의 길쭉한 콘크리트 방파제가 있습니다. 그 끝에 직각삼각형 구조물과 하나 되어 하늘을 가리키고 있는 피타고라스 동상이 있는데요, 동상을 받치고 있는 기단에 아주 놀라운 글귀가 새겨져 있었습니다.

"숫자 3은 우주의 중심수다. 이 대우주라는 것은 3수로 이루어졌다."

화이트헤드 A.N. Whitehead (1861~1947). 영국 출신의 철학자. 미국 하버드대학으로 옮긴 후 유기체 철학을 완성함.

Alfred North Whitehead (1861-1947), an English mathematician and philosopher. He is best known as the defining figure of the philosophical school known as process philosophy (a.k.a. the philosophy of organism).

The three patriarchs Abraham, Isaac, and Jacob are buried in the Cave of the Patriarchs, located in the Hebron Hills. The number three has been very significant to people around the globe and is a central aspect of world religions. The Jewish people seem to have preserved their traditions and culture well. In Korea, however, this ancient faith has disappeared without a trace, as ancient Korean history has been completely forgotten.

Ternary rhythms are ubiquitous in Eastern and Western cultures.

Alfred North Whitehead, a British philosopher who served as a professor in Harvard University, wrote the book *Science and the Modern World*, in which he described Pythagoras as the very bedrock of European philosophy and mathematics.

Intrigued, I traveled to the birthplace of Pythagoras: Samos, a Greek island near Turkey. When I visited the pier at the harbor of Phytagorion, there stood a statue of Pythagoras. Gazing at the statue, I was amazed to find a quote in Greek inscribed on it: "The number 3 is the center of the universe."

피타고라스. 기원전 6세기 경 그리스 철학자, 수학자
"The number 3 is the center of the universe."
– Pythagoras (c. 570 – c. 495 BCE, an Ionian Greek philosopher and mathematician).

Universal Elements of Ancient Cultures; The Three Ancient Dynasties of Korea 157

피타고리온 항구에서 차를 타고 섬을 가로질러 고개를 넘어 가면 반대편에 사모스 섬에서 가장 큰 도시인 바씨Vathi항이 나옵니다. 항구에서 가까운 곳에 바씨박물관Archaeological Museum of Vathi이 있는데요, 예전에 왕자가 사재를 털어서 만들었다고 하는 조그마한 박물관입니다. 그런데 2층으로 올라가 보고 참 많이 놀랐습니다.

왜냐하면 거기에 동방의 신비의 새, 천상의 새가 있는 것입니다. 그곳 사람들이 소위 '그리핀griffin'이라고 부르는 **봉황새** 조각들이 꽉 들어차 있었습니다.

동방의 용봉문화에서 하늘에서 물을 다스리는 신수神獸는 '용'이고, 불기운을 다스리는 신수는 '봉황'이라고 합니다. 그런데 그리스 남부 에게해의 크레타섬에 있는 4,500년 전의 미노아 문명의 상징인 **크노소스 궁전**에, 그 왕의 보좌 뒤 벽에도 **봉황새**인 '**그리핀**'이 그려져 있습니다. 피타고라스의 고향 사모스섬을 하나의 관문으로 해서 동방의 3수 문화가 서양문명에 전수된 것입니다.

I then went to the Archaeological Museum of Vathi, a small museum built in the 1910s with the donation of a wealthy man. When I went up to the second floor, I was again overwhelmed. The exhibition hall was packed with statuettes of a mystical heavenly bird of the East, which they called a griffin.

Heavenly birds are mythological creatures believed in the East to oversee fire, as opposed to heavenly dragons, which oversee water.

In the palace of Knossos on Crete, the center of the Minoan civilization 4,500 years ago, there is a chamber containing a throne. Frescoes of griffins are painted on each side of the throne. It seems the Eastern influences were transmitted to ancient Greece, with Samos as the cultural bridge.

사모스섬의 바씨Vathi 박물관
The Archaeological Museum of Vathi at Samos.

그리핀 (Griffin)
동양의 봉황새와 같은 그리스 신화에 나오는 신비의 새

The Archaeological Museum of Vathi has a large collection of griffin statuettes. The griffin is a mythological creature considered the king of all creatures.

왕의 보좌 뒤 벽의 그리핀
(크레타섬 미노아문명 크노소스 궁전)

Painted frescos of griffins in the throne room in the palace of Knossos on Crete. The griffin is a legendary creature with the body of a lion and the head and wings of a celestial bird.

3수 문화를 근거로 형성된 환국, 배달, 조선의 삼성조 시대

자, 오늘 말씀을 총체적으로 정리를 해볼까요.

결론부터 말하면, 우리 한민족과 인류의 창세 시원역사의 계보, 즉 환국-배달-조선의 삼성조 시대가 3수 문화를 근거로 형성되었다는 것입니다. 이 문화의 틀이 이미 고고학적 발굴을 통해서 세상에 밝혀졌고, 한민족과 인류의 시원역사를 총체적으로 드러내주는 유일한 사서인 『환단고기』를 통해 분명히 밝혀졌습니다. 환국, 배달, 조선! 이 역사는 역사관이 다르다 해도, 식민사학을 가지고 한평생 밥을 먹었다고 해도 결코 부정할 수가 없습니다.

환국은 지금으로부터 9,210년 전에 시작된 인류 최초의 국가로, 3,301년 동안 일곱 분의 환인천제의 통치 아래에 지속됐습니다. 중앙아시아의 천산天山을 답사해보면 또 다른 충격을 받게 됩니다. 이 환국이 천산의 동쪽에 위치했으며, 그 강역이 남북 5만 리, 동서 2만 리로, 열두 개의 나라로 구성되어 있다는 것입니다.

The Three Sacred Nations: Hwanguk, Baedal, and Joseon

Three is a number of profound significance. It holds the key to the secret of world history as well as Korean history. The threefold nature of ancient Korean history (i.e., the Three Sacred Nations: Hwanguk, Baedal, and Joseon), as proven by archeological excavations, was first revealed in full detail by *Hwandan Gogi*, a precious historical record for Koreans as well as for all humanity. Even if one's perspective of history is different, they cannot deny the fact that these three nations existed.

Hwanguk (7197-3897 BCE) was established more than 9,200 years ago. It spanned 3,301 years under the rule of seven sovereigns. Hwanguk was located in the east of Tian Shan and comprised twelve states, encompassing a vast region of 12,200 miles from north to south, and 4,880 miles from east to west.

Estimated Locations of the Twelve States of Hwanguk

신시배달은 총 열여덟 분의 환웅천황이 1,565년 동안 나라를 다스렸습니다. 지금 50세 이상 되신 분들은 어릴 때 '반만년 배달민족', '배달겨레', '배달의 역사'를 외쳐봤을 것입니다.

그렇다면, 우리 한민족의 동방 역사의 출발점이 '백두산 신시의 배달로부터 시작되었다'고 하는데, 과연 배달이 나라 이름일까요? 민족 아이덴티티identity를 얘기하는 것일까요? 궁금할 것입니다.

맞습니다! 배달은 나라 이름입니다. 국조 거발환 환웅천황이 건설한 동방 한민족의 첫 번째 국가, 한민족사의 첫 번째 나라가 바로 '배달(밝달)' 입니다.

우리가 붉은 악마의 원조로 알고 있는 치우천황은 바로 배달국의 14세 환웅으로, 본래 호칭은 '자오지환웅慈烏支桓雄'인데 중국 사람들이 '치우蚩尤'라고 불렀습니다. 이는 본래 나라 이름이 '배달'인데 중국 사람들이 우리 민족을 '동이'라고 부른 것처럼 '자오지환웅'을 '치우'라 부른 것입니다.

사마천의 『사기』 첫 페이지를 보면, 중국인들이 역사 조작을 어떻게 했는지 볼 수 있습니다. 사마천은 '황제헌원이 치우를 잡아 죽였다'고 했습니다. '금살치우', '치우를 잡아 죽였다.' 그렇게 역사를 뒤집어 놓은 것입니다.

그러나 중국의 역사 현장에 가보면 전혀 사실이 아니라는 것을 확인할 수 있습니다. 탁록에 있는 언덕에 올라 벌판을 바라보면, 치우천황이 기병대를 끌고 와 황제성을 습격한 곳을 볼 수 있습니다. 중국의 탁록시 정부에서 그곳에 팻말을 박아놓았습니다. '여기가 치우의 군대가 와서 주둔한 성채다. 치우북채蚩尤北寨다, 치우남채蚩尤南寨다'라고 말입니다.

Next, Baedal (3897-2333 BCE) spanned 1,565 years and had eighteen rulers. If you are a Korean older than fifty, you must have learned in school that we are the descendants of the Baedal people with a proud 5,000-year history. But you may wonder if Baedal is the name of a nation or the name of an ethnic group. In fact, Baedal was the name of the nation that Hwanung established. It was the first country of the Korean people. Its capital was Sinsi ("Divine City"), near Baekdusan Mountain.

Many Koreans are now familiar with the name Chiu, the fourteenth ruler of Baedal, because his *dokkaebi*-like trademark was chosen to represent the supporters' club for the Republic of Korea's national football team. In fact, the official title of Chiu was Emperor Jaoji of Baedal. Chiu was a name used by the Chinese. Ancient Chinese texts tend not to use the proper titles of other nations' rulers. In a similar manner, they tend to describe the nation Baedal without clearly stating its official state title. Instead, they used the term *Tung-i* (*Dongyi*).

The first chapter of *Shiji* (*Records of the Grand Historian*) by Sima Qian states, "Huangdi captured Chiyou and slew him in the desert of Zhuolu," which is a blatant fabrication. Historical studies prove that, rather than being killed or defeated, Chiu was victorious and captured Huangdi alive, rendering him subject to Baedal.

치우견비총蚩尤肩脾塚. 중국 산동성 거야현
The Tomb of Chiu in Juye County in Shandong Province, China.

　배달에 이어 동북아에서 가장 왕성했던 한민족의 역사인 조선 시대가 이어집니다. 마흔일곱 분의 단군왕검이 정확하게 2,096년 동안 통치했습니다. 그렇게 해서 삼성조 역사의 전체 역년은 6,960년입니다. 40년이 부족한 7천 년입니다.

　그러나 일제는 『삼국유사』「고조선기」에서 불교 역사관을 바탕으로 우리 역사를 신화로 해석한 일연스님의 주석을 빌미로 하고, 서양의 실증사관을 지렛대로 해서 우리 한민족의 7천 년 시원역사를 송두리째 거세시켜버렸습니다.

치우북채. 중국 정부에서 치우천황의 성채가 있었던 곳임을 밝힘.
The marker stone reads: The Northern Fortress of Chiu.

Thirdly, the most flourishing Korean state in Northeast Asia was ancient Joseon (2333-238 BCE), with forty-seven rulers reigning over 2,096 years. Adding up the lengths of all three nations produces a total of 6,960 years (7197-238 BCE), just forty years less than 7,000 years.

This 7,000-year history has been lost completely since Korea came under Japanese colonial rule. Taking advantage of the positivist method of studying history and the incorrect annotations of *Samguk Yusa* by Il-yeon, whose Buddhist worldview led him to misconstrue ancient Joseon as a myth, Japanese imperialists destroyed ancient Korean history at its roots.

자, 그러면 환국은 어떤 나라였을까요? **환국은 아버지 문화입니다.** 동서 인류 문명의 아버지 문화 시대인 것입니다.

이 환국 시대를 살던 모든 사람들의 꿈이 무엇이었을까요? 바로 하늘의 광명 자체가 되는 것이었습니다. 인류의 창세문화, 한민족의 원형 문화 정신을 송두리째 드러낸, 정말로 소중한 여덟 권의 책으로 구성된 『태백일사』의 두 번째 책 「환국본기」를 보면, 이때 모든 사람들이 '내가 환桓이 되었다!'고 외쳤다는 기록이 있습니다. '인개자호위환人皆自號爲桓', 사람들이 저마다 모두 자호自號, 스스로를 '나는 환이다!'라고 외쳤다는 것입니다.

지금의 대한민국, 한민족, 나아가 한국인의 문화를 떠나서 지구촌 모든 인간의 존엄성, 모든 인간의 역사적 사명, 이것을 정의해주는 것이 『환단고기』의 첫 번째 책 『삼성기』의 첫 문장입니다. 첫 문장이 얼마나 간결합니까? '오환건국吾桓建國이 최고最古라.' 오환건국吾桓建國! 이 네 글자에는, 문장 안에 문장이 또 있습니다. 우리는 환이다, 오환吾桓. 나 오吾 자, 다섯 오五 자에다 입 구口 자가 있으니까 다섯 사람, 복수입니다. 그러니까 "나는 환이다.", "우리는 환이다.", "너는 환이다.", "나도 환이다."라는 것입니다.

대한大韓의 근원이 '환桓'입니다. 지구촌 모든 인간의 아이덴티티identity가 '환桓'입니다. 우주광명 그 자체라는 것입니다.

'오환건국吾桓建國이 최고最古라.' 우리 한민족의 뿌리, 환족이 나라를 세운 것이 가장 오래되었다.

한번 따라 해볼까요. "오환건국이 최고라!", "오환건국이 최고라!"

이것을 주문처럼 읽고 다녀야 합니다. 여러분들이 어디에 가실 때, 몸이 아플 때, 마음이 우울할 때, 인간적 한계에 부딪혔을 때, '오환건국이 최고라.'를 한번 외쳐보시기 바랍니다.

Hwanguk was the fatherland of all Eastern and Western civilizations. In that era, all people unanimously aspired to achieve oneness with the heavenly radiance. *Hwanguk Bongi* (*Annals of Hwanguk*), one of the thirteen books of *Hwandan Gogi*, states that people of the time unanimously declared that they had become *hwan* (桓, "heavenly radiance"), an enlightened one.[4]

All persons, not only the Korean people, possess dignity and worth. This fact is superbly stated in the following sentence found at the beginning of *Samgseong Gi*, the first book of *Hwandan Gogi*: "We the Hwan people founded the most ancient of all nations." The record continues, "The One Spirit dwells in the radiant heavens and is the sole source of cosmic creation-transformation. It enlightens the cosmos with radiance."

Hwan is indeed the source of great *han*. This means that each and every one of us on the globe is *hwan*, the cosmic radiance itself. Repeat to yourself, "We the Hwan people founded the most ancient of all nations." Such a marvelous sentence, worth memorizing and reciting over and over like a mantra. Recite the sentence when you walk or drive, when you are depressed or encounter your limits. You will be empowered to discover your true worth.

---

4). "People unanimously declared that they had become *hwan* (桓, "heavenly radiance")." ("Annals of Hwanguk," *Taebaek Ilsa*.)

『환단고기』는 우리 한민족의 첫 역사, 나아가 인류 창세 역사의 건국을 쓴 책입니다. 인류의 창세역사를 첫 문장에 이렇게 내놓은 것입니다. 그리고 신神의 문제로 들어갑니다.

'유일신有一神이 재사백력지천在斯白力之天하사.'

우리의 영원한 고향, 나아가 인류의 영원한 역사 고향인 환국, 그 아버지 나라의 통치자를 '안파견安巴堅'이라고 했습니다.

『태백일사』의 첫 번째 책 「삼신오제본기」에서는 '안파견安巴堅은 계천입부지명야 繼天立父之名也오.'라고 했습니다. '안파견은 하늘의 뜻(천명)을 받들어, 하늘의 도를 계승해서, 하늘의 도와 하나가 되어서 아버지의 도를 세웠다'라는 뜻입니다.

그래서 환국에는 전쟁이 없었습니다. 6천 년 이전의 무덤을 파보면 무기가 나오지 않습니다. 환국은 조화와 광명, 하나 됨, 신성을 추구한 역사시대였던 것입니다.

또한 삼신 문화와 칠성 문화가 있었습니다. 이 3과 7이 역사문화의 근원 코드입니다. 수메르 문명을 보면, 일곱 주신主神이 국가의 운명을 심판하고 하늘에 제를 지내는 것이 나옵니다.

인디언 문화에는, 미국 동부의 일리노이주에 세계에서 가장 큰 몽크스 피라미드가 있습니다. 사실 피라미드라고 하면 이집트를 이야기하지만, 멕시코 남부와 유카탄 반도 일대에서 형성된 마야문명의 유적지를 가보면 이집트는 아무것도 아닙니다. 이곳에서는 거대 피라미드가 2,200개나 발굴되었습니다. 멕시코시티 북동쪽의 테오티우아칸에는 태양 피라미드와 달의 피라미드가 있고, 또 치첸이샤Chichen Itza에 있는 1년 365일을 상징하는 쿠쿨칸 피라미드가 있는데, 이 피라미드는 천원지방으로 구성되어 있습니다.

Hwandan Gogi begins by describing the founding of the first nation in human history, followed by a discussion about God.

Hwanguk ("the Radiant Nation") was the fatherland of the world's civilizations. The ruler of this nation was called the Anpagyeon or the Hwanin. Anpagyeon means "father," and its deeper meaning includes "establishing the Way of the Father by embodying the Way of Heaven."

There was no violent conflict or war during the Hwanguk era. It was a time of harmony, the glowing radiance of all beings, the oneness of all existence, and the divinity of the human soul.

It was a time when people had a deep reverence for the Seven Stars in the northern sky as well as for Samsin, the Triune Spirit. Actually, the numbers three and seven are keys to unlocking the secrets of ancient civilizations. For example, Sumerians believed there are seven gods who decree the fates, acting as a ruling council of the gods. Also, seven platforms for seven high priests were found in an earthen mound constructed by indigenous peoples of the Americas.

The Monks Mound in Illinois is considered one of the biggest pyramid constructions in the world. Despite the fame of Egypt's pyramids at Giza, more pyramids can be found in the Americas. More than 2,200 Mayan pyramids were discovered in Central America. Some of the best-known Latin American pyramids include the Pyramid of the Sun and the Pyramid of the Moon at Teotihuacán, and the Castillo at Chichén Itzá. Notably, the Castillo was built in a style that reflects the worldview that heaven is round and earth is square.

태양 피라미드(멕시코시티 북동쪽의 테오티우아칸)

The Pyramid of the Sun at Teotihuacán, in Central Mexico.

쿠쿨칸 피라미드(멕시코 치첸이샤) 동서남북의 계단 수는 1년을 뜻하는 365개

El Castillo, also known as the Temple of Kukulcan, at Chichen Itza in Yucatán. This temple has 365 steps—one for each day of the year.

달 피라미드(멕시코시티 북동쪽의 테오티우아칸)

The Pyramid of the Moon at Teotihuacán, in Central Mexico.

피라미드를 둘러싼 **돌담**은
동방의 **천원지방** 사상을 보여준다

The long stone wall of Castillo was built in a style that reflects the world-view that heaven is round and earth is square.

Universal Elements of Ancient Cultures; The Three Ancient Dynasties of Korea 173

몽크스 마운드 (미국 일리노이주) Monk's Mound, Illinois.
흙을 쌓아 만든 세계 최대 피라미드

　이 사진은 미국 동부에 있는 **몽크스 마운드**Monk's Mound인데요, 흙을 쌓아서 만든 거대한 산처럼 생긴 피라미드입니다. 본래 피라미드 정상에는 신전이 있었다고 합니다. 예전에 내셔널지오그래픽인가 히스토리 채널에서 한번 나왔었는데, 신전 안에 들어가 보면 일곱 명의 사제가 앉아서 회의를 한 일곱 개의 탁자가 있습니다.

　이 일곱 수의 문화가 동양과 서양에서 어떻게 마무리될까요? 서양에서는 수메르 문명의 일곱 주신主神 사상이 「구약」을 거쳐 「신약」으로 전해졌습니다. 「신약」의 최종 마무리편 〈계시록〉을 쓴 사도 요한이, 로마에 들어가서 전도하다가 사형 선고를 받아 끓는 기름 가마에 들어갔는데도 죽지 않습니다. 그래서 팻모스Patmos 섬에 귀양을 보냈는데, 그곳에서 기도를 하다가 천국에 올라가 하나님 아버지 성전에 갑니다. 그런데 성전에 가보니 하나님 아버지 앞에 일곱 개의 등불이 있는 것입니다. 그것을 'The Seven Spirits of God, 하나님의 일곱 성령'이라고 했습니다. 이것이 성령문화의 근원이며 결론입니다. 이 일곱 수 사상이 우리 한민족의 시원 조상이 세운 인류 문명의 아버지 시대인 환국에서 천산을 넘어 전수된 것입니다.

몽크스마운드 상상도. 정상의 신전 안에 일곱 사제가 모여 회의한 일곱 탁자가 있었다고 한다. (출처: 카호키아 마운드 자료관)

In the chamber at the top of the Monk's Mound were seven platforms for seven high-priests.

The symbolic number seven repeatedly appears in the Book of Revelation. John, the author of the book, was thrown in a vat of boiling oil for refusing to renounce his faith but survived unharmed. Then he was exiled to Patmos, a remote and forsaken island, where he received a vision of the Revelation. He wrote, "There were seven lamps of fire burning before the throne, which are the seven Spirits of God." In fact, the number seven has had a profound significance for many ancient East Asian cultures.

수메르의 일곱 신 → 기독교 신약 요한계시록의 '하나님의 일곱 영 Seven Spirits of God'으로 전승

Sumerians believed there were seven gods who decreed the fates, acting as a ruling council of the gods. These seven gods reappear as the seven Spirits of God in the Book of Revelation.

Universal Elements of Ancient Cultures; The Three Ancient Dynasties of Korea

다시 말하지만, 유럽 문명의 근원이 환국에서 뻗어 나간 수메르 문명이고, 동방 문명의 근원이 배달 문명입니다. 올해가 환웅천황이 나라를 여신지 신시개천 5910년, 즉 배달기원 5910년입니다. 따라서 약 6천 년 전이 동서 문명 분화의 출발점인데, 바로 이 열여덟 분의 환웅천황이 나라를 다스리는 과정에서 의학의 아버지 염제신농씨가 나왔습니다. 그리고 인류 동서 철학의 아버지 태호복희씨가 5,500년 전에 신교 우주관의 핵심인 음양오행, 팔괘 문화를 창시했고, 당시에 문자와 언어, 시장문화도 나왔습니다.

철학의 아버지 태호 복희씨. 5,500년 전 신교 우주관의 핵심 '음양오행 팔괘 문화'를 창안 Bok-hui, also known as the 'Great Bright One' (c. 3528–3413 BCE).

This year marks the 5,910th year since Emperor Hwanung founded Baedal, which eighteen emperors ruled after him. Prominent historical figures of this era include Sinnong (Shennong), the father of medicine, and Bokhui (Fuxi), the father of Eastern and Western philosophy who developed eight trigrams along with the concepts of the five phases and yin-yang. During the Baedal era, a writing system was used for the first time and people began to trade and barter in markets.

의학의 아버지 염제 신농씨. 5,200년 전 배달 동이족 출신
Sinnong, also known as the 'Flame Emperor' (c. 3218–3078 BCE).

환국에서는 모든 종교와 동서양의 사상, 인간론, 역사관, 우주관의 깨달음의 원전, 원형문화 경전인 81자로 된 「천부경天符經」이 나왔고, 배달국 때에는 시조 거발환 환웅천황님이 밝혀주신 삼신일체 상제님의 가르침 「삼일신고三一神誥」가 나왔습니다. 그리고 단군조선으로 들어가면서 「참전경參佺經」이 나옵니다. 원래 참전경은, 『환단고기』에 의하면 배달국 초기에 나온 것으로 정의하고 있습니다.

이 「천부경」, 「삼일신고」, 「참전경」이 바로 한민족 원형문화의 최초 3대 원전입니다. 이 세 경전을 모르면 사실 한국인이 아닙니다. 그러나 사실 「천부경」이 뭔지 알지도 못하고, 「천부경」을 한번 구경한 적도, 읽어본 적도 없다는 것이 우리 한국문화의 현주소입니다.

중국의 쓰촨대학 교수 주위에리朱越利의 「천부天符의 자의字義에 대한 해석」이라는 논문에서는 '천부天符'를 이렇게 정의하고 있습니다. "천부는 하늘법이다Heavenly law! 천부는 하늘의 이법이다Heavenly principle! 천부는 하나님의 명령이다Heavenly mandate!"라고 말입니다. 저는 그 논문을 보고서 정말 큰 감동을 받았습니다. 국내에는 천부경에 대해 그동안 거의 백 편을 넘나드는 논문과 책이 나와 있습니다.

자, 천부경을 한번 한 글자 한 글자 읽어보도록 하겠습니다.

일시무시일一始無始一
석삼극무진본析三極無盡本
천일일天一一 지일이地一二 인일삼人一三
일적십거一積十鉅 무궤화삼無匱化三

천이삼天二三 지이삼地二三 인이삼人二三
대삼합육大三合六 생칠팔구生七八九

During the era of Hwanguk, a sacred text appeared that was a product of divine inspiration. This text contains the gist of philosophy, cosmology, enlightenment, and exploration into human nature. This was *Cheonbu Gyeong* (*The Scripture of Heavenly Code*), only eighty-one words long. In the Baedal era, Emperor Hwanung edified people with *Samil Singo* (*The Discourse by the Three-One God*), the second sacred text of Korea. The sacred text of the people of ancient Joseon was *Chamjeon Gyeong* (*The Scripture of the Way of Jeon*). *Chamjeon Gyeong* was written during the Baedal era, according to *Hwandan Gogi*. Without knowing these three texts, one cannot honestly say they are Korean.

A Chinese professor, Zhu Yueli, wrote a fascinating article on the meaning of the word *cheonbu* (天符) in *Cheonbu Gyeong*. He cites many different definitions of *cheonbu*, for example: "heavenly law," "heavenly principle," and "heavenly mandate." There are now hundreds of studies on *Cheonbu Gyeong* in Korea alone.

Let's read *Cheonbu Gyeong*, the "*Scripture of Heavenly Code*":

> *Il-si-mu-si-il Seok-sam-geuk-mu-jin-bon*
> One is the beginning;
>   from Nothingness begins One.
> One divides into the Three Ultimates,
>   yet remains substance inexhaustible.
> *Cheon-il-il Ji-il-yi In-il-sam*
> Arising from One, Heaven is One.
> Arising from One, Earth is Two.
> Arising from One, Humanity is Three.
> *Il-jeok-sib-geo Mu-gwe-hwa-sam*
> One accumulates and climaxes at Ten,
>   as Three governs the change of all things.
> *Cheon-yi-sam Ji-yi-sam In-yi-sam*
> Based on Two, Heaven changes under Three.

운삼사運三四 성환오칠成環五七

일묘연만왕만래一妙衍萬往萬來 용변부동본用變不動本
본심본태양앙명本心本太陽昻明
인중천지일人中天地一
일종무종일一終無終一

아침에 일찍 일어나서 창문을 다 열어 놓고 천부경을 빨리 읽으면 10초면 한번 읽을 수 있습니다. 사실 이것을 수만 번, 수백만 번을 읽어야 합니다.

<u>우리 한민족은 지금으로부터 약 1만 년 전에 인간 문화 역사상 최초로 수학을 발명한 민족입니다. 우주 수학 문화의 원전이 바로 천부경입니다.</u> 이 천부경에 대한 해석을 제대로 하면, 우리가 진정한 한국인이 되고, 동북아 역사문화의 근원은 물론 지구촌 인류 문명의 코드를 해석할 수 있는 지혜를 얻게 됩니다.

Based on Two, Earth changes under Three.
Based on Two, Humanity lives under Three.
Dae-sam-ham-nyuk Saeng-chil-pal-gu
The Great Three unite into Six,
    which then gives rise to Seven, Eight, and Nine.
Un-sam-sa Seong-hwan-o-chil
Everything moves in accordance with Three and Four;
    everything circulates under Five and Seven.
Il-myo-yeon-man-wang-man-rae Yong-byeon-bu-dong-bon
One proliferates in mysterious ways,
    evolving in perpetual cycles,
    and these functions ultimately transform into immutable substance.
Bon-sim-bon-tae-yang-ang-myeong
The ultimate substance is the Mind,
    which shines radiantly like the sun.
In-jung-cheon-ji-il
Humanity, united with Heaven and Earth, is the Ultimate One.
Il-jong-mu-jong-il
One is the end; in Nothingness ends One.

Wake up in the early morning, open the window, and read *Cheonbu Gyeong*—it will take less than a minute. I recommend that you recite *Cheonbu Gyeong* tens of thousands of times—even millions of times.

Cheonbu Gyeong is the oldest known scripture of the Korean people, composed during the Hwanguk era. It is a numerical representation of the laws of the cosmos. After learning the *Cheonbu Gyeong* verses, you will be reborn as a Korean in every true sense. Learning the *Cheonbu Gyeong* is also key to gaining wisdom and understanding about the foundational culture and religion not only of Northeast Asia, but of the whole world.

일시무시일-始無始-, 하나는 비롯됨이다. 하나에서 모든 것이 비롯됐다는 것입니다. 하늘도, 땅도, 인간도, 만물도, 우리 마음도, 내 영혼도, 내 마음도 그 근원이 일-이다, 이 일- 자에서 비롯되었다는 것입니다.

천부경의 매력은 진리를 수학으로, 수數로 상징하고 있다는 것입니다. 하나에서 비롯되었는데 이것은 시작이 없는 하나다. 이렇게 직설적으로 해석을 하면 사실 조금 낮은 해석입니다. 일시무시일은 제일 끝에 있는 일종무종일과 대구가 됩니다. 하나에서 마무리가 되는데 그것은 끝이 없는 하나다.

디지털 문명의 코드가 1과 0, 이진법입니다. 이것을 발명한 라이프니츠가 일찍이 "아, 이진법이 원래 동방에 있었구나, 그것을 발견한 분은 태호복희씨구나!"라고 깨달았습니다. 지금의 음과 양의 효爻도 그렇습니다. 태극기를 보면 양효陽爻는 작대기를 하나로 긋고, 음효陰爻은 가운데를 비우고 이렇게 갈라놓습니다. 그 문화의 원형체가 천부경에서 나온 것입니다.

라이프니츠Leibniz(1646~1716)
독일의 철학자, 수학자. 태호복희씨의 팔괘를 비롯한 주역을 익히고 이진법을 완성함.

Gottfried Wilhelm Leibniz (1646-1716). Leibniz is believed to have developed a binary number system after studying the *I Ching*, which is attributed to Bokhui.

The scripture begins with a declaration: "One is the beginning; from Nothingness begins One." One is the source of everything. Heaven, earth, humanity, and all living beings as well as my mind, soul, and spirits all came from one. But this one came from nothing. What is so fascinating about *Cheonbu Gyeong* is that it is a highly symbolic text in which numbers indicate something beyond their numerical significance.

The digital world uses a binary number system made up of only zeros and ones. Gottfried Wilhelm Leibniz developed the binary number system, but his approach to writing in binary code made direct references to the hexagrams and cosmological ideas of the *I Ching*, attributed to Bokhui (Fuxi).

Trigrams or hexagrams are composed of full or broken lines, which represent either yin (broken line) or yang (solid line), as you can find in the flag of South Korea. In fact, the source of this idea is *Cheonbu Gyeong*.

I Ching hexagrams (or trigrams) with lines symbolizing yin (broken line) or yang (solid line), as in the flag of South Korea, were invented based on original ideas contained in *Cheonbu Gyeong*.

마야 문명을 보면 그들이 어느 정도로 놀라운 천문학 지식을 가지고 있었는지 정말로 깜짝 놀라게 됩니다. 그 사람들은 '0'을 알고 있었습니다. 3천 년 이전에 0을 썼다는 것입니다. 마야인들은 우리의 음양 부호(●, −)를 가지고 숫자를 썼습니다. 1은 점 하나, 2는 점 두 개, 3은 점 세 개, 5는 작대기 하나를 긋고, 6은 거기에다 점 하나 찍고, 7, 8, 9는 점 두 개, 세 개, 네 개를 찍습니다. 그리고 0은 조개껍데기 모양의 기호로 표시를 했습니다. 이 숫자 표기 방식이 우리 동방 문화의 하도 낙서에서 비롯된 것입니다.

일시무시일-始無始-, '1은 이 우주가 나온 조화의 근원, 우주의 광명, 조물주의 마음이요, 신성이며, 그 1은 모든 만물이 비롯된 시작인데 무에서 비롯된 1이다'라는 것입니다. 0을 무無로 상징하고 있습니다. 일시무시일, 하나에서 우주 만유가 나왔는데, 그 하나는 우주의 조화라는 것입니다. 이것은 노장老莊에서 보면 무극無極사상입니다.

그리고 석삼극무진본析三極無盡本, 그 무궁한 우주의 하나의 조화에서 삼극, 세 가지의 지극한 것이 열렸다는 것입니다. 우리가 진리를 생각할 때, 이 천지 안에서 가장 소중한 것을 생각할 때, 이 우주에는 세 가지의 지극한 것이 있다는 것입니다. The Three Ultimates. 그럼 세 가지의 지극한 것이 무엇일까요?

중요한 것은, 이 세 가지 지극한 것이 나누어져도 무진본無盡本이다. 그 근본, 우주의 절대 조화라는 것은 영원무궁토록 다함이 없다는 말입니다.

『반야심경』에 '부증불감不增不減'이라는 말이 있습니다. 악마가 백만 명, 천만 명, 억만 명이 나와도 이 우주 조화라는 것은 쭈그러드는 것이 아니라는 뜻입니다. 착한 천사가 백만 명, 억만 명이 나와도 우주의 조화라는 것은 더 늘어나는 것이 아닙니다. 따라서 무진본無盡本, 여기에서 마음이 열려야 됩니다. 근본이 깨져야 합니다.

Interestingly, the Mayan numeral system is similarly made up of binary symbols that represent numbers: a dot and a bar. Mayans had such incredibly advanced mathematical and astronomical knowledge that they already had the concept of zero before the third century BCE.

The first line of *Cheonbu Gyeong* states, "All came from One, but One came from zero—nothing." One, the source of all creation and transformation through which the whole universe was born, is the glowing radiance, the divine consciousness of God. Everything in the universe came from one, but one is in fact nothing, which is limitless and inexhaustible. This is the concept of Wuji ("Ultimate of Beinglessness") in Taoist classic texts by Laozi and Zhuangzi.

Cheonbu Gyeong continues, "One divides into the Three Ultimates, yet remains substance inexhaustible." From an infinite oneness come the three most fundamental entities of the universe. Nevertheless, the creative and transformative power of the universe is inexhaustible for eternity. It "neither increases nor decreases," as described in the *Prajna Sutra* (a.k.a. *Diamond Sutra*). According to this Buddhist text, the infinite creativity of the universe would never diminish even though millions, billions, or perhaps trillions of demons were born. Likewise, it would not increase no matter how many virtuous angels were born. Reading this passage of *Cheonbu Gyeong* brings us infinite inspiration.

미야인은 음양 부호(●, —)로써 수를 표시.

영(0)은 조개껍데기 모양의 기호로 표시 → 동방의 하도와 낙서에서 유래

Mayan numerals are made up of three symbols; zero (shell shape), one (a dot), and five (a bar). Their numeral system seems to be a systematization of the Hado ("River Scheme") and Nakseo ("Lo Shu Square") diagrams, containing cosmic principles.

이어서 천부경은 선언하고 있습니다. 삼극, 그 세 가지의 지극한 것을 선언합니다. '천일일天－－ 지일이地－二 인일삼人－三'. 인류 문화의 원형 정신은 이 한 문장에서 다 끝납니다.

천일天-, 하늘도 우주의 절대 조화의 근원을 그대로 가지고 있고, 지일地-, 어머니 땅 지구도 일 자를 그대로 가지고 있다는 것입니다. 그리고 인일人-, 사람도 우주 만물을 낳은 조물주의 생명과 신성, 광명을 그대로 가지고 있다는 것입니다.

이보다 더 중요한 것은 무엇일까요? 그다음에 나오는 '천일天-, 지이地二, 인삼人三'입니다. 왜 하늘은 1이고, 땅은 2고, 사람은 3인가 하는 포지션의 문제입니다.

하늘은 양의 근원이고 어머니는 음의 근원입니다. 1, 3, 5, 7, 9에서 1은 모든 양의 무한수의 근원이고, 2, 4, 6, 8, 10에서 2는 모든 음수의 근원입니다. 이런 해석은 가장 기본적인 것입니다.

그러면 사람은 무엇인가요? 인간이란 무엇인가요? 나는 누구인가요? 바로 **천지 부모의 생명과 신성과 조화와 우주 광명을 다 합해서 나라는 인간이 성립됐다는 것입니다. 그래서 인삼人三입니다.** 천일과 지이가 합해서 인삼이 된 것입니다. 인간은 이렇게 존귀한 존재입니다.

The scripture continues:

Arising from One, Heaven is One.
Arising from One, Earth is Two.
Arising from One, Humanity is Three.

Here, we come to understand what the "Three Ultimates" really are. These sentences are the absolute pinnacle of the ancient philosophy. They say, "Heaven is One—the source of all creativity. Mother Earth is One. Humanity is also One because the divine radiance of heaven and earth is embodied within them."

There is another even more important message in this statement. It concerns why heaven is one, earth is two, and humanity is three.

Heaven is the basis of yang. Earth is the basis of yin. Heaven is one because one is an exemplar of yang numbers (1, 3, 5, 7, 9); earth is two because two is an exemplar of yin numbers (2, 4, 6, 8, 10). So far this is fairly simple. But why are humans three?

Three is the sum of one and two, which are the numbers representing heaven and earth respectively. Total all the divinity, life force, creativity, and radiance of heaven and earth—the parents—and the sum is us. Know how magnificent beings we truly are.

고조선 문화에 대해서 한 가지를 더 정리를 해보겠습니다. 고조선은 3대 왕조 역사가 있다고 해석을 하는데, 수도를 지금의 하얼빈(송화강 아사달)에서 백악산으로, 그다음에 장당경藏唐京으로 세 번 옮겼습니다. 「단군세기」를 보면, 중국의 하나라, 상나라, 주나라와의 국제정치, 동북아의 국제 교류 관계를 자세히 볼 수 있습니다.

공자의 손자 공빈孔斌이 『동이열전東夷列傳』이라는 책에서 상(은)나라가 생겨날 때 역사의 비밀스러운 사건을 적어놨는데, 하나라의 마지막 임금인 걸桀이 아주 폭군이고 악질이라 도저히 백성들이 감당을 못해 내쫓아야만 하게 생겼습니다. 그런데 이러한 정변政變은 동방의 동이 나라에서 지원을 해주고, 군병을 보내 허락을 해줘야만 가능한 것이었습니다. 처음에는 단군왕검께서 걸에게 기회를 한 번 더 주어 개과천선을 시키려고 하였지만, 말을 듣지 않자 하는 수 없이 군대를 보내 걸을 치게 하셨습니다. 그렇게 하여 하나라가 무너지고 탕湯임금의 상나라가 세워졌습니다. 당시 단군조선의 위상과, 단군조와 중국과의 국제관계를 보여주는 대표적인 사건입니다.

그때 상나라의 재상이 요리사의 시조로 유명한 이윤伊尹이라는 분입니다. 제가 그분의 무덤을 다녀왔습니다. 이윤에게 도를 전해준 선생님이 바로 동방 조선의 11세 도해단군의 국사國師였던 유위자有爲子[18]라는 분입니다. 이것이 중국 역사에 다 나옵니다.

---

18) 유위자有爲子 : 단군조선 시대의 대성인大聖人. 소씨蘇氏 복성시조復姓始祖인 태하공 소풍蘇豊의 14대손으로 11세 도해단군 때 국태사國太師를 지낸 소대아야蘇大亞野이다.

Next, let's take a look at ancient Joseon, the third of ancient Korea's Three Sacred Nations.

The history of ancient Joseon can be divided into three periods since its capital moved three times: from Harbin to Changchun to Kaiyuan. *Dangun Segi* (*Records of the Dangun Dynasty*), the third book of *Hwandan Gogi*, describes in detail Joseon's foreign relations with the Chinese dynasties Xia, Shang, and Zhou.

Because King Jie of Xia was a tyrant and an oppressor, the people suffered and wanted him driven from power. They had to receive permission and military support from Joseon. At first, Dangun Heuldal, the thirteenth ruler of Joseon, gave Jie an opportunity to mend his ways, but he didn't repent. Finally, the Dangun sent troops to attack and conquer him, bringing the Xia Dynasty to an end. Tang succeeded Jie as king, inaugurating the Shang Dynasty.

Dongyi Liezhuan (*The Annals of Dongyi*), written by Kongbin, one of Confucius' descendants, records the hidden history of Yi Yin, a minister of the early Shang Dynasty who helped Tang defeat King Jie. The book states Yi Yin was a student under Dao Master Yuwija. And Yuwija, according to *Dangun Segi*, was a teacher of the eleventh ruler of Joseon.

The Three Sites of the Capital of Joseon

이윤伊尹. 상나라 재상이자 요리사의 시조

Yi Yin, a prime minister of the Shang Dynasty, was a student under Dao Master Yuwija, who was a teacher of the eleventh ruler of Joseon.

　더욱 놀라운 사실은, 3세 가륵단군 재위 6년에 열양의 욕살 **삭정**索靖을 약수 지방에 유배시켜 감옥에 가두셨다가 후에 용서하여 그 땅에 봉하시는데, 그가 바로 **흉노의 첫 조상, 흉노의 시조**가 되었다는 것입니다. 그리고 **4세 오사구단군이 아우 오사달**烏斯達**을 몽고리한**蒙古里汗**으로** 봉하는데, 그가 몽골의 첫 번째 왕이요, 지금의 몽골족이 그의 후손이라고 합니다.

　그러면 이렇게 말할 수 있습니다. '그거 조작된 거 아니냐? 어떻게 믿을 수 있냐?'고 말이죠.

　재미있는 것은 **이 지구촌의 어떤 역사문서에도 서구의 고대문명을 상징하는 서로마 제국을 무너뜨린 훈족**Hun族**과 흉노족의 뿌리 역사를 밝혀낸 사료가 없다는 것입니다.** 오직 『환단고기』「단군세기」의 3세 가륵단군조에만 나옵니다. 몽골 역사의 뿌리에 대해 언급한 문헌도 어디에도 없습니다. 이 또한 **오직** 『환단고기』「단군세기」의 4세 오사구단군조에만 나오는 기록입니다.

　사실 너무 놀라우니 믿을 수 없다고, 진실로 받아들이기 어렵다고 할 수도 있습니다. 그러나 분명한 것은, **광활한 초원을 누비며 유럽 문명을 지배한, 유럽 문명을 실제로 창조한 동방 유목문화의 근본, 그 뿌리가** 『환단고기』를 통해서 정리가 된다는 사실입니다.

이윤의 묘. 하남성 상구시. 이윤은 11세 도해단군의 국사國師 유위자有爲子로부터 도를 전수받았다.(「단군세기」, 「동이열전」)

The tomb of Yi Yin in Shangqiu, Henan Province.

Even more marvelous information is recorded in *Dangun Segi* about the primogenitors of the Huns and the Mongols. It states Sakjeong became a progenitor of the Xiongnu (the Huns) during the reign of the third ruler of Joseon, and that the fourth ruler of Joseon appointed his younger brother Osadal as the first khan (king) of the Mongols.

This kind of historical record is so rare that it may be hard to believe. The origin of the Huns, who played a major role in the downfall of the Western Roman Empire, is still a complete mystery. It is a miracle that *Hwandan Gogi* survived to convey the origin of the Huns and the Mongols.

Reading *Hwandan Gogi*, you will learn about the beginning of the Eastern nomadic tribes, who not only ruled many parts of Europe, but also caused significant changes in European society.

흉노족의 시조. 3세 가륵단군 때 지방 관리 삭정索靖
Sakjeong, who was a local administrator in the Yaksu area during the reign of the Dangun Gareuk, the third ruler of Joseon, became a progenitor of the Xiongnu.

몽골족의 시조. 단군조선 4세 오사구단군이 아우 오사달을 몽고리한蒙古里汗에 봉함
Osadal, a younger brother of the fourth ruler of Joseon, was appointed the first khan (king) of the Mongols.

   조금 더 살펴보겠습니다. 중국 사람들이 훈족에게 하도 시달려서, '저놈들은 아주 흉악한 노예 같은 놈들이다, 오랑캐다!'라고 하여 '오랑캐 흉匈' 자, '노예 노奴' 자를 붙여서 '흉노匈奴'라고 부릅니다. 흉노는 본래 '훈족'으로 '환국의 광명사상을 가지고 있는 사람들'이란 뜻입니다. 이들은 앞에서 말한 것처럼 단군조선의 후예입니다.

   자, 이 훈족 사람들이 편두偏頭를 했습니다. 그리고 말을 타고 다닐 때는 말꼬리 위에다 항상 동복銅鍑이라고 하는 청동으로 만든 솥을 가지고 다녔습니다. 그 문화는 우리나라 고대사회에 늘 있었던 것이고, 왕이 죽으면 동복 안에 유물을 넣어서 함께 묻고 천제를 지냈습니다.

   훈족도 그렇고 칭기즈칸의 몽골족도 전투를 할 때면 먼저 기마병들이 달려가면서 불화살을 쏘았습니다. 서구 사람들이 쓴 영문 책을 보면, 불화살을 쏴서 혼을 다 빼놓아 기선을 제압했다고 합니다.

The Huns ruled over Asia and many parts of Europe. *Hwandan Gogi* reveals the beginning of the Huns.

    The Huns can be identified with the Xiongnu. The name Xiongnu (匈奴) was coined by the Chinese. Because they had suffered at the hands of the Huns, the Chinese hated them and called them Xiongnu, meaning "Ominous Slave" in Chinese characters. Originally, though, the people's name was Hun, which suggests that they were the "radiant people" from Hwanguk.

    The Huns had a custom of intentionally deforming the skull. They used bronze cauldrons, which look very similar to the ones used by ancient Koreans. When their ruler died, they performed ceremonies and rituals and put precious objects in the cauldron. They then broke the cauldron and buried it with the deceased. Riding on horseback, the Huns were faster and more maneuverable than their enemies. The mounted Huns used flaming arrows, like the Mongols.

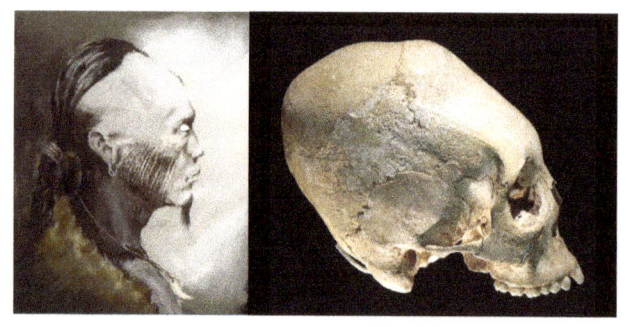

훈족의 편두 유골
The Huns practiced artificial cranial deformation.

이 훈족, 흉노족의 역사를 보면, 동흉노와 서흉노가 있었는데, 동흉노가 남흉노와 북흉노로 갈립니다. 그리고서 370년에 흑해 북부에 갑자기 북흉노가 나타납니다. 이들이 서쪽으로 이동하여 고트족과 게르만족을 정복하고, 마침내 서로마 제국을 멸망시킵니다.

그렇게 해서 프랑스 왕조, 독일 왕조를 세웁니다. 또 바이킹의 첫 번째 왕이자 시조인 아이바르스Aybars가 훈족 출신이고 몽골족의 혈통이라 합니다. 그래서 이 분야에 대해 공부를 많이 한 사람들은 유럽의 왕은 훈족이 아니면 될 수 없다는 농담도 하고 있습니다. 또 지금의 러시아인 러시아 공국에 가보면 지금의 러시아 왕조도 '우리는 훈족의 후예다' 이렇게 말하고 있습니다.

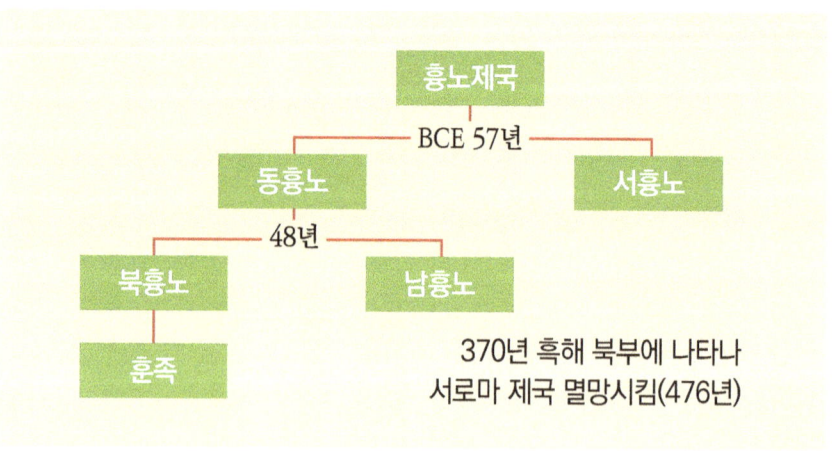

①훈족의 동복(청동솥, 내몽고 박물관)

A Hunic cauldron in the Inner Mongolia Museum.

②가야시대 동복(김해 대성동 출토)

A cauldron from the Gaya Kingdom, excavated from Gimhae.

The Xiongnu Empire split into the Eastern and Western Xiongnu. Then the Eastern Xiongnu broke up into the Northern and Southern Xiongnu. The Northern Xiongnu suddenly appeared in Europe in 370 CE as the Huns, bringing about the collapse of the Western Roman Empire in 476 CE.

The Xiongnu Empire split into two separate empires: the Eastern and Western Xiongnu. Then the Eastern Xiongnu broke up into Northern and Southern Xiongnu. The Northern Xiongnu suddenly appeared in Europe in 370 CE as the Huns. The Hunnic tribes conquered the Goths and Germanic peoples, bringing about the collapse of the Western Roman Empire. Today, Russians also believe they are descendants of the Huns.

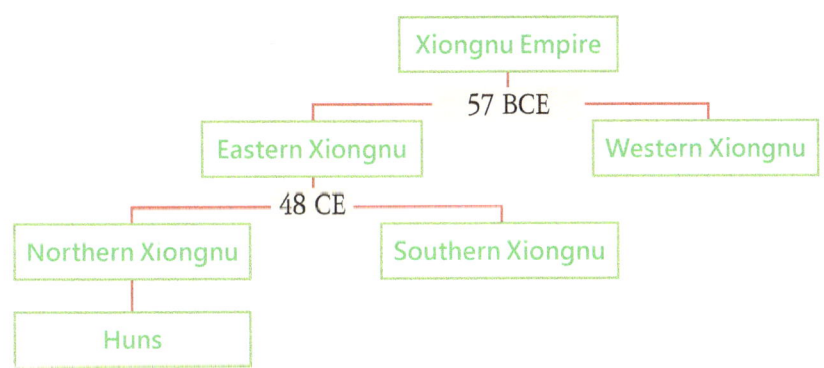

The Northern Xiongnu suddenly appeared in Europe in 370 CE as the Huns, bringing about the collapse of the Western Roman Empire in 476 CE.

그러면 이 훈족의 조상들이 어디서 기원한 것일까요? 바로 4,200년을 전후해서 단군조선에서 나간 것입니다.

그럼 구체적인 증거를 좀 대보라고 할 텐데요. 훈족의 왕들이 유라시아 초원 대륙을 누빌 때, 그들이 남긴 무덤을 보면 적석묘積石墓입니다. 러시아 알타이공화국의 파지릭Pazyryk 지역에서 훈족 왕의 대형 고분이 발굴되었는데요, 그 형태가 외부는 원형이고 내부는 사각형의 목곽묘木槨墓로 천원지방天圓地方의 모습입니다.

더욱 놀라운 것은, 훈족 왕이 매장되어 있는 모습을 보면, 하나같이 머리를 북두칠성을 향하고 있습니다. 그것을 '칠성두七星頭'라고 하는데, 동방문화의 원형인 삼신 칠성문화를 그대로 가지고 있는 것입니다.

러시아 알타이공화국 파지릭 지역의 대형고분
A tomb (*kurgan*) in the Pazyryk burials in the Altai Mountains, Siberia.

The Xiongnu were formed around 4,200 years ago by people from ancient Joseon. This fact regarding their ancestry becomes clear if you study their burial styles. Circular stone mound tombs are the most common type of Xiongnu burial. The tombs (*kurgans*) in the Pazyryk burials are tomb mounds containing wooden chambers covered over by large cairns of boulders and stones. The structure of the barrows reflects the architecture style of "heavenly sphere and earthly cube." What's more surprising is that the bodies of the rulers buried in the Pazyryk *kurgan*s are arranged pointing toward the Seven Stars in the northern sky.

천원지방 형태의 파지릭 적석목곽묘

The tombs (*kurgans*) in the Pazyryk burials are tomb mounds containing wooden chambers covered by large cairns of boulders and stones. They reflect the architecture style of "heavenly circle and earthly square."

Universal Elements of Ancient Cultures; The Three Ancient Dynasties of Korea

The Xiongnu's system of political organization with Left and Right Wise Kings under the ruler Chanyu was modeled after ancient Joseon's governing system.

훈족이 강력한 국가 체제를 유지할 수 있었던 근거가 무엇일까요? 지도에서 보면 알 수 있듯이 훈족은 천지일월의 아들, 천지광명의 아들이란 뜻의 '선우單于'가 중앙을 통치하고, 두 사람의 왕이 각각 좌우에서 보필하였습니다. 이것이 바로 유일한 원형문화 역사서 『환단고기』에 나오는 좌현왕·우현왕 제도입니다. 훈족의 좌우현왕 제도는 단군조선의 삼신 문화, 즉 나라를 셋으로 나눠서[삼한] 다스렸던 삼한관경제도에서 유래한 것입니다.

중국의 역사에서 보면, 진시황 다음에 한고조 유방이 흉노에게 무릎을 꿇었는데, 그의 7대손인 무제武帝가 마침내 흉노를 제압했습니다. 그때 포로로 잡힌 사람이 바로 좌현왕의 아들 김일제金日磾입니다. 그 사람이 워낙 인물이 똑똑하여 한무제가 비서처럼 썼습니다. 나중에 무제가 암살당할 위기에 처했을 때 김일제가 구해줍니다. 이에 한무제는 김일제를 토후로 임명하여 거대한 봉지를 떼어 주게 됩니다.

The reason why the Xingnu were able to build such a powerful empire can be found in their stable system of rule. The rulers of the Xiongnu were called the Chanyu, whose full title, Chengli Gutu Chanyu, suggests that they were the sons of radiant heaven and earth. Under the Chanyu were the Wise Kings of the Left and Right. The archetype of this system of political organization can be found in *Hwandan Gogi*.

In Chinese history, the Xiongnu threatened the Han Dynasty, almost causing Emperor Gaozu (247-195 BCE), the first Han emperor, to lose his throne. Later, the Han Emperor Wu, the seventh-generation grandson of Gaozu, finally defeated the Huns. During the battle, a member of a royal Xiongnu family was captured as a hostage. His name was Jin Midi (金日磾, 134-86 BC), and he is also known as Gim Il-je.

Jin Midi was a man of exceptional talents. Emperor Wu was close to Il-je and gave him the surname Gim (金). Later, an imperial official conspired to assassinate Emperor Wu, but Gim thwarted the attempt. Deeply impressed, Emperor Wu designated him as regent and awarded him a large fief.

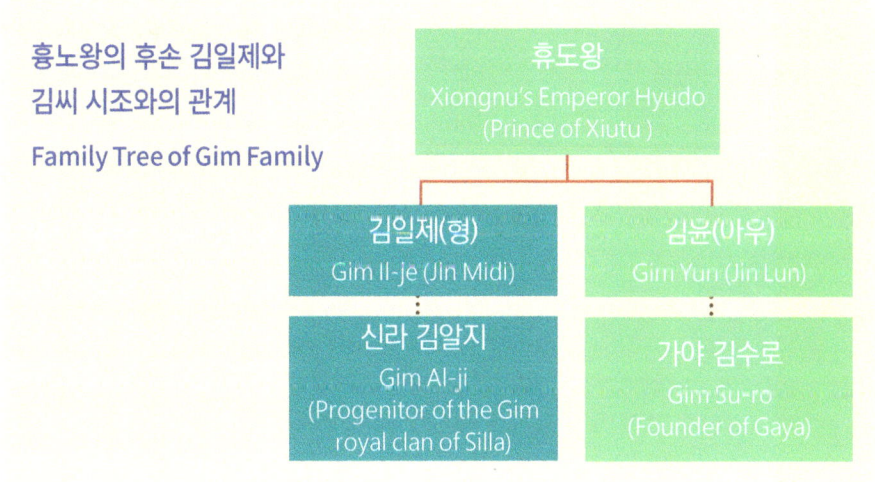

그런데 후에 김일제의 후손 가운데서 왕망王莽이란 자가 나타나서 하나라를 뺏어버립니다. 그리고 나라 이름을 신新나라로 바꾸고 급진 개혁을 시도하다가 결국 패망 당하고 맙니다. 역적으로 몰린 김일제의 후손들이 토벌당할 처지가 되자 바다를 건너 신라·가야땅으로 도망을 갑니다. 가야의 김수로왕이나 신라의 김알지 등 김씨의 조상들은 천지 광명문화를 가진 북방의 흉노족으로, 그 후손들이 피난 와서 한반도에 김씨 성이 퍼지게 된 것입니다.

 지금 중국에서는 한나라 무제가 김일제에게 김씨 성을 줬기 때문에 대한민국뿐만 아니라 지구에 있는 모든 김씨 성은 김일제의 후손이라고 합니다. 그리고 신라 통일이라는 것이 사실은 북방의 훈족, 중국 사람들이 모멸에 찬 호칭으로 부르던 흉노족의 후예가 한반도 남쪽에 와서 통일을 한 것입니다.

Later, Wang Mang (45 BCE-23 CE), whose family was related to Gim Il-je, seized the throne of the Han Dynasty and founded the Xin Dynasty. He attempted revolutionary social reform, but his impractical policies led to the country's demise.

When the Xin Dynasty collapsed, the descendants of Gim Il-je escaped to the Korean Peninsula and became the progenitors of the Gim family of Korea. Some of the early ancestors of the Gims include Gim Suro (? – 199 CE), the founder and king of Gaya, and Gim Al-ji (65-? CE), whose descendants formed the Gim royal clan of Silla. The unification of the three kingdoms by Silla (676 CE) was also accomplished by these Gims, the descendants of the Huns.

결론

인류 원형문화를 회복하자

자, 오늘 말씀의 최종 결론입니다.

천부경의 문화역사 주제, 깨달음의 주제가 바로 '일시일종—始—終**', 이 네 글자입니다.** 하나에서 비롯되어 하나로 돌아간다는 뜻입니다. 또는 '일종일시—終—始'입니다. 이것이 모든 종교, 모든 구도자, 모든 인간 교육, 나아가 지구촌의 동서 모든 정치문화가 지향하는 최종 목적지입니다.

그러나 불행하게도 **우리 한민족은 우리의 역사와 문화의 근원을 모두 잃어버렸습니다.** 민족의 뿌리인 국조를 부정하고, 한국인이 한민족의 역사를 전혀 모른 채 살아가고 있습니다. 이것이 엄연한 우리들의 서글픈 현실입니다.

일본은 우리 한민족뿐만 아니라 지구촌 동서의 **원형문화의 핵심**을 다 가지고 있습니다. 제가 일본의 문화역사 기행을 할 때, 꼭 먼저 가 보라고 하는 곳이 두 곳이 있습니다. 부산에서 사이다병을 던지면 흘러서 떨어진다고 하는, 오사카 북쪽에 있는 해변 도시 **이즈모**입니다. 한자로 '**출운**出雲'이라고 합니다.

Epilogue

Restoring a Lost Legacy

An important message of enlightenment contained in *Cheonbu Gyeong* (*The Scripture of Heavenly Code*) is: "All arise from One, and they return to One," or "All come to an end as they return to One. But from the One all arise again." One is both the departure point and the destination of all religions, educations, and politics.

Unfortunately, Koreans have lost their connection to their origin. They deny their own national founders. They are living in the dark, not knowing where they are from.

By contrast, the Japanese preserve the gist of the Korean cultural legacy. In fact, Japan has incorporated the essence of the world's ancient cultures into their own culture. If you travel to Japan, I would like to recommend you visit two sites.

Izumo Taisha is located closer to the Korean Peninsula, while the Ise Grand Shrine is located near Tokyo.

Restoring a Lost Legacy 203

이즈모대사
신락전神樂殿

고대 이즈모 대사의 기둥(2000년 발굴)
In 2000, an old pillar from an earlier main hall of Izumo Taisha was uncovered on the shrine grounds.

Worship Hall of Izumo Taisha

복원 전시 중인 기둥
A pillar of Izumo Taisha reconstructed.

Restoring a Lost Legacy 205

이즈모 신사에 도착하여 신사가 있는 곳의 지명이 무엇인가 물으니 '출운出雲'이라고 합니다. '나아갈 출出' 자, '구름 운雲' 자, 조화의 구름이 피어오른다는 뜻입니다. '출운'이라는 말을 듣자마자 그것이 우리 문화라는 직감이 왔습니다. 아니나 다를까 신사에 들어가 보니까 가장 먼저 거대한 금줄이 보였습니다. 저렇게 큰 금줄을 본 적이 있습니까? 장정이 가슴으로 끌어안아도 여유가 남을 정도로 커다란 금줄입니다. 그런 금줄을 걸어놨습니다. 저 신락전에 말입니다.

이 이즈모 신사는, 그 기원이 2천여 년 전으로 일본에 있는 1만 개 이상 신사의 원조라고 합니다. 물론 원래의 신사는 지금의 저런 신사가 아닙니다. 본래 이즈모 신사는, 거대한 기둥 위에다가 신전을 세워놨었는데, 신전을 받치고 있는 저 기둥의 둘레가 아무리 팔이 긴 어른이라도 잡을 수가 없을 정도로 어마어마합니다. 그런 **기둥 세 개를 묶어서, 그 세 개를 하나로 하여 아홉 개의 기둥을 세운 것입니다.** 이것이 바로 **천부경 문화**입니다.

그런데 일본의 명치明治정권에서 명치유신을 할 때, "이즈모는 조선과 가까우니 이즈모 신사를 죽이고 동경과 가까운 이세신궁을 본부로 삼아라."라고 하여 역사를 돌려놓기 시작했습니다. **이세신궁伊勢神宮**에 가보면, 그들의 태양신, 여자 하나님인 아마테라스 오미카미, 즉 천조대신天照大神을 모시고 있는데요, 그 면적이 1,700만 평이나 됩니다.

아침저녁이면 제관들이 흰옷을 입고 모자를 쓰고 음식을 직접 만들어서 신에게 공양합니다. 그리고 일본에 내각이 개편되면 수상과 장관들이 제일 먼저 하는 일이 이세신궁에 와서 참배하는 것입니다.

일본이 근대역사의 과정에서 진주만을 폭격했습니다. 미국을 치려고 한 근대 역사의 힘, 동력원이 어디서 나왔습니까? 바로 이세신궁에서 나온 것입니다.

The first is the Izumo-taisha Shinto shrine, located in Izumo, Shimane Prefecture, north of Hiroshima on the East Sea. The name Izumo (出雲) translates as "Where the Clouds Ascend." The name signifies that a creative and transformative power originates from this place. This shrine is believed to be the oldest of around 100,000 Shinto shrines in Japan.

Immediately upon entering the shrine, visitors are confronted by the Worship Hall, with a huge straw rope hung across half its length. In Korean folk religion, a rope made of woven straw is traditionally set up at the entrance of a house as a ward against evil spirits.

When it was first built, the structure of the main hall was quite different from now. A pillar of an earlier main hall of Izumo Taisha consisted of three large wooden pillars (each of which was so thick that even an adult man could not wrap his arms around it) bound together to make one massive pillar. There were nine groupings of these pillars in total. This structure hence seems to embody *Cheonbu Gyeong*'s message of three (3x3=9).

Another tourist spot for historical study is the Ise Grand Shrine. Located near Tokyo, it is a huge Shinto shrine dedicated to Amaterasu, the goddess of the sun and the universe. During the Meiji Restoration period of modern Japan, the Japanese government intentionally suppressed Izumo Taisha because it was related to Korea, and they turned the Ise Shrine into the main shrine. The shrine spans about fifty-five square kilometers, or twenty-one square miles, and daily rituals offering food to Amaterasu are held in the mornings and evenings. Newly inaugurated Japanese prime ministers and cabinets always visit the Grand Shrine of Ise to pay respect. Ise was a fountainhead of the imperial power of Japan, which contended against the United States, beginning with its attack on Pearl Harbor.

A high priest is climbing the stairs leading to the shrine.

신전에 오르고 있는 제관

고대 이즈모 대사 복원도
48m 높이의 기둥 위에 세워진 고층 신전

Computer Reconstruction of the Ancient Izumo Taisha Shrine

이세신궁伊勢神宮

여자 태양신 아마테라스 오미카미를 주신으로 모시는
오늘날 일본의 제1신사(총 대지 1,700만 평)

이세신궁을 참배하는 일본 각료들(2013년 10월)
Former Prime Minister of Japan Shinzo Abe and his cabinet are visitsing the Ise Shrine.

The Ise Grand Shrine
Dedicated to the sun goddess Amaterasu, the Ise Shrine is regarded as Japan's most sacred Shinto shrine.

아침저녁이면 제관들이 신에게 음식을 공양한다.
Rituals offering food to Amaterasu are held daily in the mornings and evenings.

우리 역사의 상징이 무엇인가요? 태고문화로부터 인간은 오직 천원지방天圓地方, 하늘 아버지와 땅 어머니와 하나 되기 위해서 사는 것입니다.

그럼 천지부모와 하나 된 삶이란 무엇인가요? 그것을 이룬 것을 무엇이라 하나요? 천지부모와 하나 된 사람을 무엇이라고 하나요? 그것을 '태일太一'이라고 합니다. 천일 지일 인일, 다른 말로 태일이라 합니다. 일본에서는 천지부모와 하나 된 사람이 되기를 열망하고, 그것을 추구하면서 민족 축제를 오늘까지도 끊이지 않고 올리고 있습니다.

잠깐 그 축제하는 모습을 보겠습니다. 축제의 주제가 '태일太一'입니다. 이러한 축제를 이세신궁에서도 행하고 있습니다. 왕궁에서 행하는 신락제神樂祭를 보면 용봉문화를 상징하는 용봉 깃대를 모시고 마쯔리를 합니다.

일본은 오늘도 마쯔리 행사에서 '태일'을 외친다.
Signs bearing the word *taeil* (太一, meaning "great one") appear in Japanese local festivals.

Since ancient times, the highest purpose of human life has been to become the embodiment of Father Heaven and Mother Earth. A person who achieves perfect oneness with heaven and earth is called *taeil* (太一) or "great one." According to *Cheonbu Gyeong*, Heaven is One, Earth is One, and Humanity is also One (Great One).

The Japanese traditional local festivals are symbols of their aspirations of becoming perfectly harmonized with heaven and earth. This is evident in some of their festivals in which they raise signs upon which *taeil* (太一, "great one") is written. Meanwhile, during the ritualistic performances at the annual festival at Ise Shrine, they raise flags depicting dragons and heavenly birds, essential symbols of East Asian culture.

이세신궁의 신락제神樂祭

During festivals performed at Ise Shrine, flags depicting dragons and heavenly birds are raised.

제가 이세신궁에 답사를 갔을 때, 여성 사제 문화해설사한테 "태일의 뜻을 아는가?" 하고 물었더니 모른다고 하면서 다음에 배워서 가르쳐주겠다고 합니다.

사실 이 태일문화의 원적을 제대로 아는 사람이 없습니다. 태일문화는 『환단고기』를 읽어야 알 수 있습니다. 『환단고기』를 읽어야 인류 원형문화의 궁극적인 인간론, 그 핵심을 깨칠 수 있습니다.

지금 우리는 근원으로 돌아가야 하는 때에 살고 있습니다.

우리 한민족 역사의 실체는, 결론적으로 고대사가 왜곡 말살됐기 때문에 근대 역사도 왜곡이 되고, 그러한 역사 해석에 대한 갈등이 더욱더 강력하게 오늘도 계속되고 있습니다. 즉 고대사와 근대사가 동시에 왜곡되어 있습니다.

인류 근대사의 진정한 첫 출발점이 무엇입니까? 개벽開闢입니다! 역사 개벽입니다!

이제 우주의 질서가 바뀝니다. 우주가 여름철에서 가을 우주로 들어갑니다.

개벽! 이것이 바로 동학東學의 핵심 주제이며, 조선의 농민군 60만 명이 들고 일어난 이유입니다. 앞으로 가을의 새 우주가 열립니다. 이제 역사의 중심이 동방으로 오고 있습니다.

그 역사의 진실을 밝힌 책을 제가 한 권 가지고 나왔습니다. 지금 LA에 계신 이홍범 박사가 미국의 하버드대학에 가서 연구를 하고 있었는데, 그 대학의 교수들이 "동학에 대해서 공부를 해서 글을 써라. 동학을 모르면 근대역사를 알 수가 없다"라고 했다는 것입니다. 그래서 이홍범 박사가 서양판 개벽 책을 써서 2007년에 나왔습니다. 그 책이 바로 이 『Asian Millenarianism아시아이상주의』입니다. 저는 이 책의 서문만이라도 꼭 읽어보시기를 권합니다.

When I visited the Ise Shrine, I asked the priestess if she knew the meaning of the word *taeil* (太一). She said she did not, adding she would provide the answer another time after learning it. There are not many people in Japan who know the origin of this word *taeil*. Should one read *Hwandan Gogi*, they will understand *taeil* ("great one"), which is the ultimate aim of humanity's path—a goal we have sought since ancient times.

Now is the era of seeking out the beginning and returning to the origin. But because we are blind to the truth of ancient history, we cannot correctly understand modern history. Moreover, conflict over the interpretation of history has constantly arisen.

The true starting point of modern human history was the declaration of *gaebyeok* (a shift of the cosmic order) by the 600,000-peasant army of Donghak ("Eastern Learning"). They envisioned the end of the old cosmic cycle and the beginning of a new world.

When Dr. Hong Beom Rhee studied at Harvard University, the professors recommended he research the Donghak movement, saying that he needed to study it in order to understand the modern history of the world. So he studied it, then published a remarkable English-language book, *Asian Millenarianism*, in 2007.

이홍범 박사와 『Asian Millenarianism 아시아 이상주의』(2007년, 이홍범 지음)

Asian Millenarianism (Right) by Hong Beom Rhee (Left).

그동안 미국 하버드대학과 그 외 모든 대학에서 동방의 역사는 중국의 황하문명에서 나왔다고 알고 있었습니다. 그런데 이홍범 박사가 중국의 문헌을 전부 조사해서, '5천 년 전, 만 년 전부터 중국의 문화역사를 만든 주인공이 동이東夷다. 동방 사람이다. 고대 한국 사람들이 중국의 역사를 직접 만들고 그 왕조를 통치했다'는 것을 밝혔습니다.

> 고대 한국인들이 고대 중국의 국가를 세우고 그 국가들의 기반을 다졌다. (이홍범, 『아시아 이상주의』 22쪽)

오바마 대통령이 이 책을 읽고 큰 충격을 받았습니다. 그래서 이홍범 박사를 백악관으로 초청하여 직접 만나 "당신은 키친 캐비닛kitchen cabinet 멤버다." 하고, "이 책 덕분에 한국을 제대로 알고, 동북아 역사의 진실을 알게 됐다."라고 했습니다. 그때부터 한국의 문화와 교육을 좋아하게 되고, 언론에도 좋게 얘기를 하게 되었다고 합니다.

결론적으로, 우리 근대역사의 출발점은 역사 개벽입니다. 일제에 의해 동학군 60만 명 가운데 30만 명 이상이 처절하게 죽고, 조선의 국모가 일본 깡패에게 난자질당해서 참혹하게 죽고, 12제국諸國이 동북아의 마지막 왕조 조선을 멸망시키려고 할 때, 마지막 왕인 고종이 최후의 절규로 "우리가 진정한 제국帝國이다. 우리가 열세 번째 진정한 제국이다. 동방의 천자의 나라다!"라고 선포했습니다. 1897년에, 조선 호텔 옆에다 원구단을 쌓고 황궁우皇穹宇[19]를 다시 세워 천자의 나라, 즉 황제의 나라를 선포하고 대한제국의 문을 열었습니다. 그렇게 해서 지금의 대한민국이 건국된 것입니다.

---

19) 황궁우皇穹宇 : 고종황제가 하늘에 제사 지낸 환구단의 부속건물이다. 황궁우는 황천상제, 곧 천신을 비롯해 지신, 그리고 해신과 달신, 별신 등 여러 신의 위패를 봉안하기 위한 건물이었다.

Although most historians and scholars have believed Eastern civilization was influenced by the Huanghe ("Yellow River") civilization, Dr. Rhee concluded after conducting extensive research that the ancient founders of China were Koreans, and that ancient Koreans ruled over most of Chinese territory.

> "Ancient Koreans established ancient Chinese states and the foundation of their states." (*Asian Millenarianism*.)

Hong Beom Rhee was a member of President Barack Obama's Honorary Kitchen Cabinet. Obama is said to have read this book during his time in office, learning new truths about Northeast Asian history and developing a positive view toward Korea.

To reiterate, the true starting point of modern Korean history was the Donghak movement. A year after the Donghak Peasant Revolution in 1894, where 300,000 of the 600,000-rebel army were killed, the Queen of the Joseon Dynasty was cruelly assassinated by Japanese agents. Under pressure from a series of events that threatened the existence of the dynasty, King Gojong, in 1897, proclaimed the founding of the Daehan Empire (literally, "Great Han Empire" or "Great Korean Empire"), officially re-designating the national title as such. Gojong took the title of emperor and was declared the Son of Heaven, who administered earthly matters on behalf of, and representing, heavenly authority. Wongudan, an altar complex for national ceremonies of prayer to the Supreme Ruler and the forefathers of the Joseon Dynasty, was built in this era. Currently, only a shrine hall (Hwanggungu) of the building complex remains, beside the Westin Chosun Hotel, Seoul. Today's Korea, whose formal Korean title is Daehan Minguk (meaning "Great Han People's Country"), was named after this preceding empire.

그러나 그 근대 역사의 출발점이 13년 만에 무너지고, 한민족의 역사가 완전히 밑둥이 잘려나가 버렸습니다. 잔혹한 일제 강점기 그리고 우리 한민족 천만 명 이산가족을 낳은 6.25 남북전쟁을 거친 후, 지금 세계 10대 열강의 자리에까지 올라섰습니다.

이제 우리는 잃어버린 창세 시원역사를 회복해야 합니다. 역사문화를 되찾지 않고서는 결코 선진국이 될 수 없습니다. 결코 우리 대한이 역사의 중심 주도국가가 될 수 없습니다. 이 사실을 뼈저리게 인식해야 합니다.

지금까지 뉴욕에 있는 동포 형제 여러분과 함께 우리의 잃어버린 역사의 원형을 되찾는 머나먼 여정을 떠나왔습니다.

오늘 '대한, 천지광명의 역사를 열다'라는 주제로 말씀을 드렸습니다.

천지 부모와 한마음, 한 생명이 되는 태일太- 인간의 삶! 그 태일을 다른 말로 대한大韓이라 합니다. 우리 모두가 세속의 부귀와 명예와 영광을 넘어 진정한 문화역사의 고향으로 돌아가 자랑스러운 한국인, 진정한 대한이 되시기를 축원하면서 오늘 말씀을 모두 마무리 짓겠습니다. 감사합니다.

황궁우
Hwanggungu
(Imperial Vault)

고종은 원구단과 황궁우를 지어 상제님께 천제를 올린 후 황제의 나라로 선포하였다.(1897년)

In 1897, King Gojong built Wongudan and Hwanggungu, where he performed a national ceremony of prayer to the Supreme Ruler, proclaiming the founding of the "Great Korean Empire."

The Korean Empire and its monarchy were ended within just thirteen years by Japan, which forcibly annexed the Korean Peninsula in 1910. Under thirty-five years of Japanese colonial rule, ancient Korean history was destroyed. The Korean War erupted in 1950, separating ten million families. Since the war, South Korea has experienced miraculous economic growth, becoming one of the world's ten richest economies. What Koreans today must remember is that, without the restoration of history and tradition, Koreans can never take a lead in history.

Eighty-two million Koreans, including Korean-Americans, are about to depart on a long journey to recover the history we have lost. We have begun this journey of becoming a *taeil* ("great one"), who has achieved great oneness with Father Heaven and Mother Earth. In fact, *taeil* is synonymous with *daehan* ("great *han*"). I sincerely hope the reader will not let the pursuits of wealth, honor, and glory be their only goals. Instead, search for the lost source of our lives and civilizations. I would like to congratulate you all as you set out on your journey to become proud Koreans and to become great *han*.

원구단

Wongudan
(Celestial Altar)

동방 한국사의 올바른 국통맥

삼성조 시대
- 9219년 전 — **환국** (BCE 7197~BCE 3897)
  7대 환인 : 3301년간(조화시대)
- 5919년 전 — **배달** (BCE 3897~BCE 2333)
  18대 환웅 : 1565년간(교화시대)
- 4355년 전 — **조선** (BCE 2333~BCE 238)
  47대 단군 : 2096년간(치화시대)

열국 시대
- 2261년 전 — **북부여** (BCE 239~BCE 58)
  - 동부여 (BCE 86~CE 494)
  - 남삼한 (BCE 194~CE 8)
  - 최씨낙랑국 (BCE 195~CE 37)
  - 동옥저 (BCE 56~?)
  - 동예 (?~CE 245)

사국 시대
- 2080년 전 — **고구려** (BCE 58~CE 668)
  - 백제 (BCE 18~CE 660)
  - 신라 (BCE 57~CE 668)
  - 가야 (CE 42~532)

BCE / CE

남북국 시대
- 1354년 전 — **대진(발해)** (668~926)
  - 후신라(통일신라) (668~935)

- 1104년 전 — **고려** (918~1392)
- 630년 전 — **조선** (1392~1910)
- 103년 전 — **임시정부** (1919~1945)

남북분단 시대
- 2022년 기준 — **대한민국** (1948)
  조선민주주의인민공화국(1948~)

지구촌 통일문화 시대
후천 가을개벽 후 천지 광명 문화 시대

Chronology of Korean States and Dynasties

The Three Sacred Nations
- **Hwanguk** (7197-3897 BCE)
- **Baedal** (3897-2333 BCE)
- **Joseon** (2333-238 BCE)

The Several States Period
- **Northern Buyeo** (239-58 BCE)
  - Eastern Buyeo (86 BCE - 494 CE)
  - Samhan (194 BCE - 8 CE)
  - Nangnang Kingdom (195 BCE - 37 CE)
  - Okjeo or Dong-okjeo (56-? BCE)
  - Dong-ye (?-245 CE)

The Four Kingdoms
- **Goguryeo** (58 BCE - 668 CE)
- Baekje (18 BCE - 660 CE)
- Silla (57 BCE - 668 CE)
- Gaya (42-532 CE)

BCE / CE

The North and South Kingdoms
- **Daejin-guk or Balhae** (668-926)
- Later Silla or Unified Silla (668-935)

- **Goryeo Dynasty** (918-1392)
- **Joseon Dynasty** (1392-1910)
- **Provisional Government of the Republic of Korea** (1919-1945)

The South-North Division
- **Republic of Korea** (1948)
- Democratic People's Republic of Korea (1948~)

The Age of Global Unification
The Age of Heaven and Earth's Resplendence Following the Autumn Gaebyeok

저자에 대하여

저자 안경전安耕田 종도사는 한민족의 오랜 전통이자 고유신앙인 증산도의 최고 지도자다. 2012년 한민족과 인류의 시원역사와 원형문화를 밝히는 방대한 주해와 해제까지 붙인 『환단고기』 번역·역주본(상생출판, 2012)을 출간하였다.

ABOUT THE AUTHOR

MASTER AHN GYEONG-JEON, the Jongdosanim, is the head of Jeung San Do. In 2012, after thirty years of dedicated investigation and study, Ahn Gyeong-jeon published a full translated and annotated version of *Hwandan Gogi*, a priceless compilation of historical records that unveils the origin of civilization.

www.ingramcontent.com/pod-product-compliance
Lightning Source LLC
Chambersburg PA
CBHW042127160426
43198CB00021B/2937